Zu diesem Buch

Rund 200 000 Kinder jedes Geburtsjahrgangs sind hochbegabt – häufig, ohne daß die Eltern davon wissen. Ungefähr 50 Prozent sind zumindest zeitweise Problemfälle. Im Kindergarten und in der Schule fühlen sie sich unterfordert, und oft haben sie an den Spielen Gleichaltriger kein Interesse. Nicht wenige reagieren darauf mit Aggression (Jungen) und Depression (Mädchen); viele Eltern fühlen sich überfordert vom Wissensdurst und dem manchmal geringen Schlafbedürfnis der Kinder; Erzieherinnen und Lehrer sind hilflos, weil ihnen Kenntnisse über den Umgang mit Hochbegabten fehlen. Oder sie stehen vor dem Problem, ein einzelnes Kind besonders fördern und gleichzeitig dem Gruppendurchschnitt genügen zu sollen.

Die Autorinnen helfen, Hochbegabung zu erkennen, sie informieren über die neuesten Erkenntnisse, geben Eltern, Erzieherinnen und Lehrern eine Fülle praktischer Hinweise, wie sie sich und den Kindern den Alltag erleichtern können. Und sie machen Mut mit positiven Beispielen von Familien und Institutionen.

Bettina Mähler ist freie Journalistin, Redakteurin und Lektorin. Sie hat zwei hochbegabte Söhne (Jg. 1993 und 1994). Bei «Mit Kindern leben» erschien von Bettina Mähler: «Geschwister» (rororo Nr. 9316), Mähler / Osenbrügge «Die ersten Wochen mit dem Baby» (rororo Nr. 19755) und (mit Hans Jürgen Jansen und Monika Trapp) «Lesehits für Kids» (rororo Nr. 60287). *Gerlinde Hofmann* arbeitet seit zehn Jahren ehrenamtlich mit Eltern hochbegabter Kinder. Sie hat zwei erwachsene Töchter, beide sind hochbegabt.

Anregungen und Kritik bitte an folgende Adresse: Büro für wissenschaftliche Publizistik Dr. Horst Speichert, Teutonenstr. 32 b, 65187 Wiesbaden. Hier erhalten Sie auch gegen Voreinsendung eines frankierten DIN-C6-Umschlags einen Prospekt der Reihe «Mit Kindern leben».

Bettina Mähler / Gerlinde Hofmann

Ist mein Kind hochbegabt?

Besondere Fähigkeiten erkennen,
akzeptieren und fördern

Mit Illustrationen von Klaus Pitter

Rowohlt

rororo Mit Kindern leben
Herausgegeben von Bernhard Schön und Horst Speichert

Originalausgabe
Veröffentlicht im Rowohlt Taschenbuch Verlag GmbH,
Reinbek bei Hamburg, Oktober 1998
Copyright © 1998 by Rowohlt Taschenbuch Verlag GmbH,
Reinbek bei Hamburg
Umschlaggestaltung Peter Wippermann / Jürgen Kaffer
(Foto: Canada INStock)
Alle Rechte vorbehalten
Satz Life (PageOne)
Gesamtherstellung Clausen & Bosse, Leck
Printed in Germany
ISBN 3 499 60499 X

Inhalt

Vorwort

Etwa drei Prozent aller Kinder eines Jahrgangs sind hochbegabt. Die hochbegabten Kinder stellen somit eine Minderheit dar – und zwar eine vernachlässigte, wie die Tübinger Psychologin Dr. Aiga Stapf bei ihren Forschungen festgestellt hat.

Wenn Eltern Hilfe für sich und ihre hochbegabten Kinder suchen, so wenden sich viele an die Selbsthilfeverbände. Einer davon ist die 1978 gegründete «Deutsche Gesellschaft für das hochbegabte Kind». Gerlinde Hofmann, eine der Autorinnen des vorliegenden Buches, ist dort Regionalverbandsvorsitzende für Hessen und engagiert sich seit zehn Jahren für betroffene Familien. Sie sagt: «Dieses Buch ist vor allem für die Eltern und Pädagogen der zeitweise ‹schwierigen› unter den hochbegabten Kindern gedacht – und das sind immerhin etwa die Hälfte, so Dr. Aiga Stapf –, an denen manchmal die Erwachsenen zweifeln oder gar verzweifeln. Auch ist es für Eltern geschrieben, die nicht selten von anderen Miterziehern ihres Kindes unterstellt bekommen, einiges falsch zu machen bei der Erziehung – die aber trotzdem nicht aufhören, Anliegen und Nöte ihrer Kinder ernst zu nehmen, die weiterforschen, wenn bei einer Diagnostik zu Verhaltensstörungen der Nebenbefund ‹hochbegabt› auftaucht, ohne daß ihnen das jemand erläutern kann oder will.»

Wir möchten Ihnen, den Erwachsenen, die Unsicherheiten und Ängste nehmen, die entstehen, wenn Sie ein hochbegabtes Kind in der Familie haben oder es als Erzieherin oder Lehrer betreuen. Wir wollen Ihnen zeigen, daß es anderen ähnlich ergeht wie Ihnen, daß sie sich nämlich genauso uninformiert, ratlos und manchmal überfordert fühlen. Wir möchten Ihnen vermitteln, warum hochbegabte Kinder so anders sind und sich so anders fühlen. Und wir möchten und können Ihnen auch Mut machen, und zwar indem wir schildern, wie es Eltern gelingen kann, ihren Kindern bei Schwierigkeiten zu helfen, wie Pädagogen und Institutionen hochbegabte Kinder beispielgebend positiv behandeln. Dabei greifen wir auf die Erfahrungen einiger bundesdeutscher Spezialistinnen zurück, unter ihnen Dr. Annette Heinbokel, die seit 20 Jahren Eltern berät und resümiert: «Mit zunehmendem Alter der Kinder: Es wird besser, es wird besser, es wird besser ...» Außerdem fassen wir für Sie zusammen, was die Wissenschaftler zum Phänomen Hochbegabung herausgefunden haben. Das für Sie wichtigste davon finden Sie in den entsprechenden Kapiteln. Und selbstverständlich nennen wir Ihnen Adressen und weiterführende Literatur.

Was wir nicht leisten wollen: Eltern von speziell musikalisch oder sportlich hochbegabten Kindern ansprechen, für sie gibt es über Musikschulen und Sportvereine viele Möglichkeiten, ihr Kind zu fördern. Außerdem stoßen diese Formen der Hochbegabung – im Gegensatz zur allgemeinen intellektuellen – auf keinerlei gesellschaftliche Vorurteile, im Gegenteil.

Wir konzentrieren uns in diesem Buch auf die intellektuelle Hochbegabung, und unser Ziel ist vor allem eines: Ihnen zu helfen, Ihr Kind glücklich und psychisch gesund auf dem Weg durch die Kindheit zu begleiten.

An dieser Stelle möchten wir den vielen Eltern, die sich bereit erklärt haben, offen über ihre Familie zu sprechen (wenn auch manchmal unter Pseudonym), unseren Dank sagen. Das gilt auch für die Psychologinnen Dr. Aiga Stapf, Tübingen, und Christa

Hartmann, Hannover, sowie die Geschäftsführerin Dr. Marie-Luise Stoll-Steffan und Secondary School Principal Mark Weinberg von der Internationalen Schule in Frankfurt, die uns ihr Wissen zur Verfügung gestellt haben.

Außerdem möchten wir den Vertretern der «Deutschen Gesellschaft für das hochbegabte Kind e. V.» danken: Dorothea Karcher, Berlin, für ihre Geduld und Auskunftsbereitschaft am Telefon, Norbert Anton, Johannesberg, Annelie-Finis Aust, Düsseldorf, und Dr. Annette Heinbokel, Osnabrück, für die kritische Durchsicht des Manuskripts und die anregenden Vorschläge.

Und Mitautorin Bettina Mähler übermittelt hier die Dankbarkeit vieler Eltern dem Kinderarzt Paul Volkwein, Gelnhausen, für seine Geduld mit ratlosen Eltern und dem Diplom-Psychologen Werner Weng, Alzenau, für seine Begabung, mit (hochbegabten) Kindern umzugehen.

Kapitel 1

Identifikation

Ein hochbegabtes Kind kann mit einem Jahr perfekt sprechen, mit zwei rechnen, mit drei lesen, es ist brav und paßt sich überall an, das Leben im Kindergarten bereitet ihm keine Schwierigkeiten, in der Schule gehört es zu den Besten. Spätestens jetzt wissen Lehrer und Eltern, daß sie es mit einem besonders befähigten kleinen Menschen zu tun haben, und tun alles Erdenkliche, um seine Gaben zu fördern.

So etwa stellen sich viele die Kindheit intellektuell Hochbegabter vor. Doch vieles davon trifft nicht zu. Denn die eine Hälfte der hochbegabten Kinder durchläuft zwar ohne Probleme Elternhaus, Kindergarten und Schule, aber sie wird wegen ihrer Unauffälligkeit selten als besonders begabt erkannt und entsprechend wenig gefördert. Und etwa die andere Hälfte, so die Tübinger Psychologin Dr. Aiga Stapf, bekommt im Laufe ihrer Kindheit und Jugend Schwierigkeiten, die sich in Aggressionen, Depressionen und später oft auch in schlechten Schulleistungen äußern können – die Ursachen jedoch, nämlich Langeweile und Unterforderung aufgrund der Hochbegabung, werden oft erst nach Jahren oder auch gar nicht entdeckt.

Hochbegabung kann sich früh zeigen

Wie früh das im Gegensatz zu den meisten Gleichaltrigen andere Verhalten beginnt, merken Eltern oft erst im Rückblick, dann nämlich, wenn feststeht, daß ihr Nachwuchs hochbegabt ist und sie besser über dieses Phänomen informiert sind. So erging es auch Familie Pfeuffer mit ihrem heute neunjährigen Sohn Adrien:

«Er hat als Säugling fast nicht geschlafen, hat dauernd verlangt, daß er herumgetragen wird, immer mit Singen und in der Nähe von Gegenständen, so daß er etwas sehen konnte. Meine Eltern und ich haben ihn manchmal von morgens fünf Uhr bis abends um 11 Uhr ununterbrochen auf dem Arm gehabt. Mit zehn Monaten ist er gelaufen, mit acht hatte er bereits angefangen, die ersten Worte zu sprechen, und mit einem Jahr hatte er schon einen recht großen Wortschatz. Mit eineinhalb Jahren fiel er dann auf, weil er alle Automarken kannte.

Als er zwei Jahre alt war, sprach mich dann ein Arzt darauf an, daß es nicht normal sei, daß er in ganzen Sätzen rede, mit Partizip Perfekt, mit Hauptsatz und Nebensatz. Mir war das gar nicht aufgefallen.»

Auch Michael und Manuela Schäfer wurde nach der Diagnose klar, warum sie solche Schwierigkeiten mit ihrem fünfjährigen Sohn Fabian hatten (und haben):

«Er war überhaupt nicht kuschelig, er hatte schon sehr früh einen sehr eigensinnigen Geist. Wir mußten ihm im Kinderwagen sehr früh einen Gurt anpassen, weil er sich immer hinstellte und herauszufallen drohte. Und kaum konnte er laufen, rannte er ständig weg. Wir mußten ihn mehrfach in Einkaufszentren ausrufen lassen. Wir haben durchaus Druck auf ihn ausgeübt. Aber das änderte nichts. Manchmal saß er drei Stunden in seinem Zimmer, wenn wir ihn dorthin schickten, und sagte: ‹Na gut, halt nicht!›

Der Kindergarten schickte uns zur Erziehungsberatung, das Kind hätte Probleme, es würde sich nicht einfügen, es würde sich prügeln.»

Wie lange es dauern kann, bis Eltern merken, warum ihr Kind Schwierigkeiten mit dem institutionellen Leben in Kindergarten und Schule bekommt, zeigt noch eine weitere Familie, deren Tochter heute 20 Jahre alt ist:

«Ich habe es nicht gemerkt, sondern es wurde mir gesagt, da war Claudia acht. Sie hatte massive Probleme in der Schule und schon vorher im Kindergarten. Sie ging mit drei Jahren in den Kindergarten, und schon nach zwei Wochen verweigerte sie den Besuch. Wenn ich mit der Kindergärtnerin darüber sprach, sagte sie, Claudia habe Probleme im Sozialverhalten. Sie komme mit anderen Kindern nicht klar.

Ich hatte zwar schon gemerkt, daß sie nicht dumm war, schön malte, phantasievoll war und wunderbare Antworten gab, aber auf den Intelligenzfaktor wäre ich nie gekommen. Das war damals überhaupt nicht Thema.»

Sabines Mutter erging es ähnlich:

«Ich habe die Hochbegabung eigentlich überhaupt nicht als solche erkannt. Ich habe zwar gemerkt, daß unsere Kinder vieles früh verstanden. Und daß sie bei den Vorsorgeuntersuchungen im bzw. oberhalb des normalen Rahmens waren, das war für mich eine erfreuliche

Feststellung, mehr nicht. Aber als unsere jüngste Tochter einge-schult wurde, hatte sie von Anfang an das Gefühl, daß sie die Laut-stärke und die Unruhe in dieser Gruppe von fast 30 Kindern nicht aushalten konnte. Sie sagte immer: ‹Die wollen gar nicht lernen.›»

Der Kinderarzt, die Kindergärtnerin, die Grundschullehrerin sind es also häufig, die Eltern aufmerksam machen. Worauf sollten El-tern achten?

Woran erkennt man hochbegabte Kinder?

Hochbegabte Kinder sind genauso unterschiedlich wie normal be-gabte. Das heißt, es gibt kein «Standardkind», an dem man sie messen könnte. Es lassen sich aber einige Verhaltensweisen beob-achten, an denen man erkennen kann, daß ein Kind anders und möglicherweise hochbegabt ist.

Mitautorin Gerlinde Hofmann von der «Deutschen Gesellschaft für das hochbegabte Kind e. V.» berät seit zehn Jahren Eltern per Telefon oder bei Elternabenden. Sie zählt auf, welche Besonderhei-ten Eltern immer wieder registrieren:

1. Lebhaftigkeit, geringes Schlafbedürfnis
Manche Kinder sind auffällig lebhaft oder auch unruhig. Einige schlafen im Vergleich zu altersgleichen Kindern wenig, wachen nachts häufig auf und wollen abends nicht ins Bett. Das trifft aber keineswegs auf alle hoch-begabten Kinder zu, einige schlafen aufgrund ihres intensiven Erlebens sogar besonders lange.

2. Überspringen ganzer Entwicklungsphasen
Manche Eltern berichten: «Das Kind ist nie gekrabbelt, es ist gleich ge-laufen.» D. h. wenn ganze Entwicklungsphasen wie das Krabbeln einfach übersprungen werden, kann das ein Hinweis auf Hochbegabung sein.

3. Auffälligkeiten beim Sprachverhalten
Hochbegabte Kinder fangen häufig sehr früh an zu artikulieren und flüssig zu sprechen. Im Gegensatz dazu sprechen einige hochbegabte Kleinkinder überhaupt nicht, auch keine Babysprache, und sie beginnen dann im Alter von eineinhalb bis zwei Jahren mit kompletten Sätzen, d. h. sie schweigen so lange, bis sie ganze Sätze formulieren können – das ist dann wieder ein Überspringen eines Entwicklungsstadiums.

4. Sofortiger Blickkontakt und frühe Augen-Hand-Koordination
In Kinderarztchecklisten heißt es, daß Neugeborene erst nach einigen Wochen Blickkontakt aufnehmen. Viele Mütter Hochbegabter berichten: «Ich hatte das Gefühl, daß mein Kind mich sofort nach der Geburt richtig angeschaut hat.» Oder der Kinderarzt stellt nach wenigen Lebenstagen fest: «Der Junge guckt aber schon ganz genau.»
   Häufig ist bei Hochbegabten die Augen-Hand-Koordination – das gezielte Greifen evtl. mit Pinzettgriff – sehr früh entwickelt.

5. Gedächtnis und Beobachtungsgabe
Hochbegabte Kinder haben ein außerordentlich gutes Gedächtnis. Schon sehr kleine Kinder können sich auch noch nach langer Zeit an Details sehr genau erinnern, das können Details von Dingen und Menschen, aber auch Erzähltem und Erklärtem sein.

6. Interesse an Zahlen und Buchstaben
Das sehr früh einsetzende abstrakte Denken in Zahlengrößenordnungen und das Interesse an Buchstaben und Schrift überrascht Eltern nicht selten. Eine Beispielsituation: Eine Vierjährige sitzt im Auto mit drei anderen Personen, die Mutter fragt, wer einen Apfel möchte, drei nehmen einen. Daraufhin fragt die Vierjährige: «Wie viele Äpfel hast du mitgenommen?» – «Acht.» Drei Sekunden Schweigen: «Ja, dann sind noch fünf da.»
   Einige hochbegabte Kinder bringen sich schon sehr früh selber das Lesen bei. Den Eltern wird in solchen Fällen manchmal unterstellt, sie brächten es ihren Kindern zwangsweise bei. Doch das ist gar nicht möglich, ein Kind braucht eine bestimmte Entwicklungsdisposition, um sich das Lesen aneignen zu können.
   Das Frühlesen allein ist aber kein definitives Merkmal für Hochbegabung, es kann auch eine isolierte Teilleistungsstärke in einem Bereich sein.

7. Sensibilität

Hochbegabte Kinder sind häufig emotional besonders empfindlich, sie brechen z. B. in Tränen aus, wenn sie sehen, daß ein Kind einem anderen weh tut oder ungerecht ist. Diese überstarke Sensibilität kann dazu führen, daß einem Kind seitens des Kindergartens die soziale Reife und die Schulreife abgesprochen werden.

Grund für die scheinbare Überempfindlichkeit ist ganz im Gegensatz zur äußeren Zuschreibung eine sehr große soziale Kompetenz und extremes Gerechtigkeitsempfinden. Hochbegabte Kinder setzen sich deshalb auch oft für Behinderte oder Benachteiligte ein.

8. Asynchrone Entwicklung

Hochbegabte Kinder entwickeln sich stärker asynchron als normal begabte Kinder. So kann ein dreijähriges hochbegabtes Kind z. B. durchaus die Buchstaben beherrschen, aber in seiner motorischen Entwicklung genau altersgemäß sein. Das bedeutet dann, daß es nicht Schreiben lernen kann, weil die feinmotorische Entwicklung dafür noch nicht weit genug fortgeschritten ist.

Das Vorurteil, daß ein hochbegabtes Kind in allem weit über dem Durchschnitt liegt, verhindert in solchen Fällen dann, daß das Kind als besonders begabt wahrgenommen wird. Diese Asynchronität irritiert betroffene Eltern häufig sehr stark.

9. Fragen, Fragen, Fragen

Die Eltern hochbegabter Kinder empfinden es häufig als sehr anstrengend, daß ihr Sohn oder ihre Tochter fragt und fragt und fragt und mit keiner beschwichtigenden Antwort abzuspeisen ist. Damit bringen sie manche Eltern zur Verzweiflung. Die Kinder interessieren sich auch oft schon im Alter von drei oder vier Jahren für moralische und philosophische Themen wie Krieg oder Tod.

10. Konzentrationsfähigkeit

Eltern von hochbegabten Schulkindern hören von den Lehrern häufig, daß ihr Kind sich nicht auf den Unterricht konzentriere, träume oder herumzappele. Die Eltern beobachten zu Hause allerdings, daß sich ihr Kind sehr lange und intensiv mit etwas beschäftigen kann, das es interessiert. Grund für das auffällige Verhalten in der Schule ist Langeweile.

11. Phantasie und Kreativität

Eine Reihe hochbegabter Kinder verfügt über außergewöhnliche Phantasie und Kreativität. Deshalb können sie sich schon früh mit abstrakten Themen wie Krieg beschäftigen. Das überfordert sie allerdings manchmal emotional.

Auffällig häufig haben hochbegabte Kinder sog. imaginäre Freunde, die bekocht, getröstet, versorgt werden müssen. Diese verschwinden meist ebenso plötzlich, wie sie gekommen sind.

12. Kontaktfähigkeit

Einige hochbegabte Kinder haben in der Schule oder im Kindergarten nur wenige oder keine Kontakte. Ein Beispiel: Ein Mädchen oder ein Junge ist Vorschulkind, die Kindergärtnerinnen beobachten, daß das Kind zunehmende Schwierigkeiten im Sozialverhalten hat. Das kann ein Zeichen dafür sein, daß es entwicklungsmäßig mindestens so weit ist wie die Kinder, die eingeschult worden sind.

Solche Kinder haben im Privatbereich überwiegend Kontakt zu älteren Kindern und Erwachsenen. Mit ihnen können sie auf einer Entwicklungs-

ebene kommunizieren bzw. bestimmte Interessen teilen. Wenn ein Vier-
jähriger sich z. B. sehr für Dinosaurier interessiert, und er trifft auf einen
Achtjährigen, der darüber etwas weiß, dann wird der Vierjährige die
Gleichaltrigen nicht vermissen. Gemeinsame Interessen sind für das Kind
viel entscheidender als die Zugehörigkeit zu einer Gruppe gleichaltriger
Kinder.

13. Auffällige Schulverhaltensweisen
Auffällige Schulverhaltensweisen können sein, daß sich ein Kind zum
Klassenkasper entwickelt, daß es einfach nicht sitzen bleibt. Dadurch
stört es die Gruppe so sehr, daß sich keiner mehr konzentrieren kann. Das
ist kein Vorsatz des Kindes, sondern es verhält sich so, weil es mit seinen
Bedürfnissen wahrgenommen werden will. Diese Verhaltensweise ist ty-
pisch für Jungen, sie entwickelt sich meistens aus Langeweile oder der Beobachtung, daß sich die Lehrerin um auffällige Kinder besonders bemüht.
    Bei Mädchen stellt man aus demselben Grund mehr das Träumen, das
Aus-dem-Fenster-Schauen fest. Die Kinder versuchen, die Langeweile zu
kompensieren, indem sie sich im Geist mit etwas anderem beschäftigen,
sie sind aber meistens trotzdem in der Lage, dem Unterricht zu folgen. Sie
versuchen auch, positiv aufzufallen, indem sie zum Beispiel mit den Fin-
gern rechnen, obwohl sie das vorher schon im Kopf konnten.

Wie sollten Sie diesen Verhaltenskatalog lesen?

Wenn Sie beim Lesen feststellen, daß das Verhalten und die Entwicklung Ihres Kindes Parallelen zu den 13 Stichpunkten aufweist,
so besteht u. a. die Möglichkeit, daß Ihr Kind hochbegabt ist.
    Ist Ihr Kind in einigen Punkten seinen Altersgenossen voraus,
aber mit seiner Lebenssituation durchaus zufrieden und harmo-
nisch in seiner Gesamtentwicklung, so besteht unserer Ansicht
nach kein Anlaß zu einer weitergehenden Untersuchung Ihres Kindes.
    Hat Ihr Kind aber Schwierigkeiten mit Ihnen, im Kindergarten
oder in der Schule und haben Sie zudem das Gefühl, daß es nicht

glücklich ist, dann sollten Sie den Abschnitt zur Hyperaktivität und das Kapitel «Test» sorgfältig durchlesen und eventuell eine Diagnose durchführen lassen.

Falls Sie sich nach dem Lesen sicher sind, daß Ihr Kind höchstwahrscheinlich nicht hochbegabt, sondern «nur» in einzelnen Bereichen weiter entwickelt sein sollte: Dann legen wir Ihnen nahe, ihm und sich keine Diagnostik zuzumuten. Seien Sie froh über Ihr kluges Kind! Und denken Sie vor allem daran: Hochbegabung ist kein Garantieschein für Erfolg im Leben!

Hyperaktivität

... auch als Aufmerksamkeits-Defizit-Syndrom (ADS), Hyperkinetisches Syndrom (HKS), Zappelphilipp-Syndrom, Überaktivitäts-Syndrom, Hyperaktivität sowie Hypoaktivität mit oder ohne Minimaler Cerebraler Dysfunktion (MCD) bezeichnet.

Wahrscheinlich sind Sie erstaunt, an dieser Stelle eine längere Passage über Hyperaktivität zu finden. Das hat seinen guten Grund. Denn häufig sind es Anzeichen von Hyperaktivität, die Eltern, Erzieherinnen und Lehrer darauf aufmerksam machen, daß ein Kind sich nicht so entwickelt wie die meisten anderen.

Erzieherinnen und Lehrer werfen den Eltern dann manchmal vor: «Bieten Sie Ihrem Kind nicht so viele Anregungen!» «Überfordern Sie es nicht so!» Oder gar: «Lassen Sie Ihr Kind psychologisch behandeln, damit es ruhiger wird!»

Manchmal haben Eltern in solch einem Fall Glück: Sie geraten an einen kompetenten Erziehungsberater oder Schulpsychologen, der ihr Kind testet und feststellt, daß es hochbegabt ist. Im ungünstigsten Fall werden Ihnen von der Beratungsstelle oder dem Psychologen die Testergebnisse gar nicht oder ungenau mitgeteilt. Dann wissen Sie genauso viel oder wenig wie vor dem Test.

Merkmale

Falls Sie den Verdacht haben, ihr Kind sei hyperaktiv, schauen Sie sich bitte die folgenden Merkmale an, die sich z. T. mit denen hochbegabter Kinder überschneiden:

- starke motorische Unruhe, Störverhalten,
- Aggressivität, Impulsivität,
- Berührungsängste, Kontaktschwierigkeiten,
- Orientierungs-, Aufmerksamkeits- und Wahrnehmungsstörungen,
- emotionale Labilität,
- fehlendes Bewußtsein für Gefahr, fehlende Vorsicht.

Ursachen

Die Ursachen sind neurologisch (MCD – Minimale Cerebrale Dysfunktion), ernährungs- oder familiär bedingt, also recht vielfältig. Entsprechend viele Kinder betrifft die Hyperaktivität, nämlich etwa fünf bis zehn Prozent, und zwar unabhängig davon, ob sie hochbegabt sind oder nicht, d. h.: *Ein Kind kann gleichzeitig hyperaktiv und hochbegabt sein!* (Vgl. Infobroschüre des Arbeitskreises Überaktives Kind e. V., Adresse s. S. 181.)

Warum hochbegabte Kinder (vor allem Jungen) häufig ein nicht neurologisch bedingtes Zappelphilipp-Syndrom zeigen, läßt sich so erklären: Wenn die Umgebung eines Kindes nicht zu seiner gerade laufenden Entwicklungsphase paßt, entsteht Frustration. Dies geschieht bei hochbegabten Kindern häufiger als bei anderen, da ihre asynchrone Entwicklung es Eltern und Miterziehern schwermacht, immer die richtige Umgebung zu schaffen. Diese Frustrationen können zu Aggressionen gegen andere (Eltern, Geschwister, Freunde), zu autoaggressivem Verhalten oder – im hier günstigeren Fall – zu Unruhe und starkem Bewegungsdrang führen. Ein hochbegabtes Kind wird also ruhiger, wenn es seinen Bewegungsdrang ausleben kann und entsprechend geistig gefordert wird – ein hyperaktives nicht.

Diagnosehilfe für Sie

Ist Ihr Kind zu Hause durchaus in der Lage, stillzusitzen, sich auf etwas zu konzentrieren und Kontakte zu pflegen, dann können Sie sich recht sicher sein, daß seine Schwierigkeiten nicht auf Hyperaktivität gründen.

Falls Sie aber sehen, daß Ihr Sohn oder Ihre Tochter zu Hause *und* im Kindergarten bzw. in der Schule sehr zappelig ist *und*

Probleme mit Erzieherinnen, Grundschullehrern sowie anderen Kindern hat, dann empfiehlt es sich, es differentialdiagnostisch untersuchen zu lassen: sowohl auf eine eventuelle Hochbegabung als auch auf eine eventuelle Hyperaktivität hin.

Diagnosen erstellen Universitätskliniken (die kinderneurologischen Abteilungen), Kinderneurologische Zentren und Sozialpädiatrische Zentren. Falls der Kinderarzt verweigert, eine Überweisung auszustellen, kann man das Kind dort auch ohne diesen Schein vorstellen.

Genaue Adressen erfahren Sie bei Ihrem Kinderarzt (der auch eine Überweisung schreiben kann), bei Ihrem Gesundheitsamt oder dem nächstgelegenen Krankenhaus mit Kinderabteilung.

Behandlung

Einem hyperaktiven Kind hilft eine ihm genau angepaßte Behandlung, die aus Ernährungsumstellung, pädagogisch-psychologischer Begleitung sowie sensorischen und motorischen Übungen bestehen kann. Nicht selten werden hyperaktive Kinder mit Ritalin medikamentiert, einem Stoff, der sie für einige Stunden ruhiger werden läßt.

Es kann allerdings auch passieren, daß Ärzte oder Psychologen hochbegabten Kindern, die keineswegs hyperaktiv sind, Ritalin verordnen wollen. So erging es Christine Schmidt mit ihrem fünfjährigen Sohn Michael:

«Als nach einiger Wartezeit der Arzt kam, von dem wir eine Überweisung für einen IQ-Test brauchten, turnte mein Sohn im Behandlungszimmer rum. Für den Arzt war klar: Das Kind brauche beim Schulbesuch Ritalin. Ich sagte: «Ritalin, weil es dem Kind vielleicht langweilig ist?» – «Was wollen Sie denn sonst machen?» kam als Antwort.

Kapitel 2

Testdiagnostik

Definition der intellektuellen Hochbegabung

Die Wissenschaftler sind sich schon lange einig darüber, daß Intelligenz nicht ausschließlich angeboren ist. Sie streiten sich aber auch schon genauso lange darüber, wie groß der Anteil der Gene und der Umwelt ist. Genausowenig eindeutig geklärt ist die Frage, ob Vater oder Mutter die Intelligenz weitergeben.

Um hochbegabte, aber auch normal begabte Kinder erzieherisch richtig zu begleiten bzw. zu fördern, haben Wissenschaftler untersucht, aus welchen Faktoren sich Hochbegabung zusammensetzt. Ein immer wieder angeführtes Erklärungsmodell soll hier zitiert sein, weil es auch Nicht-Fachleuten das Phänomen Hochbegabung gut verdeutlicht. Es stammt ursprünglich von dem amerikanischen Psychologen J. S. Renzulli, der Leiter des amerikanischen «National Research Center on the Gifted and Talented» ist. Weiterentwickelt hat das Modell der niederländische Psychologe Franz J. Mönks, der bis zu seiner Emeritierung den ersten Lehrstuhl für Hochbegabung an der Universität Nijmegen innehatte.

Das sog. Mehr-Faktoren-Modell Renzullis bzw. Mönks (s. nächste Seite) zeigt, daß intellektuelle Hochbegabung zunächst eine erbliche Disposition ist, zu der Motivation und Kreativität des Kindes hinzukommen müssen. Darüber hinaus braucht das Kind eine

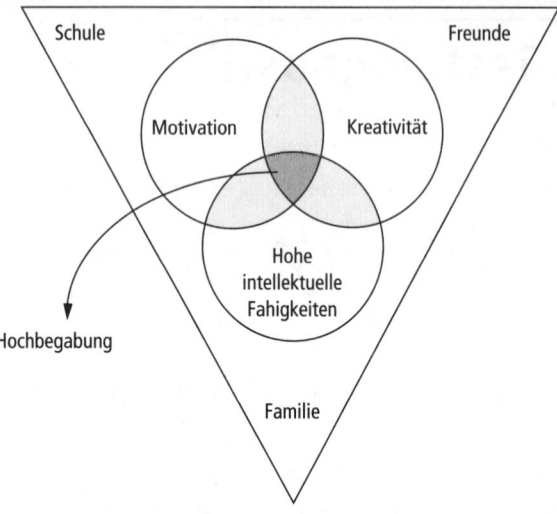

förderliche Umgebung in Familie, Kindergarten und Schule, damit sich die Hochbegabung entwickeln und zeigen kann. Damit alle diese Faktoren gut zusammenwirken können, benötigt das Kind noch eine Fähigkeit, die im Bild oben nicht aufgeführt ist, nämlich soziale Kompetenz, d. h. die Fähigkeit, die Anregungen seiner Umwelt aufzunehmen und mit ihr zu kommunizieren (vgl. Mönks/Ypenburg 1993, S. 23). Das Modell offenbart aber gleichzeitig, wie störanfällig die harmonische Entwicklung eines hochbegabten Kindes ist. Denn wenn nur einer der Faktoren ausfällt bzw. eingeschränkt wirksam ist, können sich Schwierigkeiten ergeben.

Wie wird Hochbegabung gemessen?

Hochbegabung an sich kann man nicht messen, was festgestellt werden kann, sind die Höhe der Intelligenz, Begabungsschwerpunkte, Konzentrations- und Merkfähigkeit sowie erworbene Bildung. Diese Punkte werden weltweit mit standardisierten Tests gemessen. Die Ergebnisse drückt man in Prozenträngen oder Intelligenzquotienten aus, wobei der bekannteste Maßstab der IQ ist.

Nicht einig sind sich die Wissenschaftler, bei welchen Werten die Hochbegabung beginnt, die meisten setzen als unteren Grenzwert den Prozentrang 98 und den Intelligenzquotienten 130 an. Geht man von diesen Werten aus, so sind etwa zwei Prozent aller Kinder eines Geburtsjahrgangs hochbegabt.

Wie aussagefähig ist ein Test?

Jeder IQ-Test ist nur bedingt aussagefähig. Dafür gibt es eine ganze Reihe von Gründen:

- Wenn man Hochbegabung mit Entwicklungsphasen definiert, dann kann ein Test immer nur eine Momentaufnahme eines Entwicklungsstandes sein. Läßt man ein Kind mehrfach testen, heißt das, daß das Ergebnis höchstwahrscheinlich niemals gleich und eventuell auch sehr unterschiedlich ausfallen wird. Denn es ist möglich, daß sich einige Bereiche in kurzer Zeit sehr weit entwickeln, während andere noch auf dem gleichen Stand wie beim vorherigen Test sind. Und da sich vor allem jüngere Kinder sehr sprunghaft und asynchron entwickeln, gilt dies für sie in besonderem Maße. D. h. je jünger ein Kind ist, desto weniger sagt ein Testergebnis etwas über seine spätere allgemeine Begabung aus.
- Die Testsituation an sich ist sehr störanfällig. Das Kind kann die Mitarbeit verweigern, weil es den Test langweilig findet oder gerade trotzt, es kann müde oder krank sein oder ganz einfach einen schlechten Tag haben. Und auch auf der Seite des Testers gibt es Unwägbarkeiten: Er kann unerfahren mit Hochbegabung und mit Kindern sein, und vielleicht liegt er ganz einfach nicht auf der «Wellenlänge» des zu testenden Kindes.
- Die Tests, die heutzutage verwendet werden, sind nicht unumstritten. Manche sind veraltet, manche testen nur bestimmte

Entwicklungsbereiche, in denen ein Kind aufgrund seiner Entwicklung, seiner Ursprungsfamilie oder seiner Schulbildung eventuell nicht so überragend abschneidet wie es seinen intellektuellen Fähigkeiten entspricht.

- All diese Unsicherheiten machen den Umgang mit einem Testergebnis nicht einfach. Sicher ist nur: Ein «versehentlich» zu hohes Ergebnis gibt es nicht, die meisten Tests sind so aufgebaut, daß ein Kind nicht zufällig hochbegabt sein kann (vgl. Hartmann 1995, S. 13).

Wie aussagefähig ist der Maßstab IQ?

Der Maßstab IQ ist schon seit vielen Jahren umstritten. Hauptkritikpunkt: der IQ sei in zu vielen Bereichen Meßwert für schlichtweg abfragbares, schicht-, schulbildungs- und kulturabhängiges Wissen. Ganz abgesehen davon gibt es, so der amerikanische Psychologe Howard Gardner, nicht nur eine Form der Intelligenz. Nach seinen Forschungen kann jeder Mensch mindestens sieben verschiedene «Intelligenzen» entwickeln (vgl. Gardner 1985, 1991): die linguistische Intelligenz, die musikalische Intelligenz, die logisch-mathematische Intelligenz, die räumliche Intelligenz, die körperlich-kinästhetische Intelligenz, die interpersonale Intelligenz und die intrapersonale Intelligenz. «Je nach Heredität (Vererbung), Übungsbeginn sowie der aller Wahrscheinlichkeit nach bestehenden ständigen Interaktion zwischen diesen Faktoren entwickeln einige Personen bestimmte Intelligenzen viel weiter als andere – aber alle normalen Individuen sollten jede von ihnen in gewissem Maß entwickeln, wenn sie auch nur die geringste Möglichkeit haben» (Gardner 1985, S. 254). Und: Nur ein Teil davon werde von herkömmlichen Tests überhaupt erfaßt, so Gardner.

Im Anschluß an die Diskussion über die multiplen Intelligenzen entstand eine Diskussion über die «emotionale Intelligenz», über

die Daniel Goleman 1995 ein vielbeachtetes Buch verfaßte. Hauptaussage: Nicht der Intelligenzquotient, sondern die emotionale Intelligenz sei der entscheidende Persönlichkeitsfaktor für Glück und Lebenserfolg. Zur emotionalen Intelligenz gehören fünf Punkte: emotionale Selbstwahrnehmung, Umgang mit Emotionen, produktive Nutzung von Emotionen, Empathie, Umgang mit Beziehungen. Führt man die Aussagen Golemans auf das Wesentliche zurück, so kommt man zu Ergebnissen, die denen von Renzulli und Mönks (s. o. S. 25 f.) gleichen: daß nämlich die soziale Kompetenz darüber entscheidet, wie erfolgreich man seine Gaben – seien sie geistiger, emotionaler oder körperlicher Natur – einsetzt.

All diese Einschränkungen sollten vorsichtig machen im Umgang mit einem IQ-Wert. Ein hoher IQ allein bedeutet noch nicht, daß ein Mensch hochbegabt ist, er besagt nichts über emotionale Fähigkeiten oder Kreativität. Ein IQ-Wert besagt ausschließlich, daß ein Mensch in ganz bestimmten Bereichen (nämlich den getesteten) hohe intellektuelle Fähigkeiten hat. Wie diese sich im Laufe eines Lebens entwickeln und welche Leistungen ein erwachsener Mensch erbringt, läßt sich bei einem Kind nicht vorhersagen.

Ein erfahrener Lehrer rät zur Vorsicht

Secondary School Principal Mark Weinberg von der ISF Internationalen Schule Frankfurt-Rhein-Main hat sich während seiner Ausbildung intensiv mit dem Phänomen der Hochbegabung beschäftigt. An seiner Schule ist er für die hochbegabten Schüler zuständig. Auch er warnt vor dem leichtfertigen Gebrauch des Wortes «gifted» (hochbegabt) – vor allem im Zusammenhang mit Kindern. Er bevorzugt die Bezeichnung «highly able» (befähigt). Er sagt: ««Gifted› wird zwar für Kinder bzw. Schüler verwendet, aber ich denke, es sollte für Menschen vorbehalten bleiben, die ihre kreative Produktivität realisiert haben, die ihre Gaben gezeigt oder die etwas produziert haben in Kunst oder Wissenschaften. Und später kann man dann vielleicht sagen, sie waren oder sind hochbegabt (‹gifted›).

Kinder bzw. Schüler hingegen sind befähigt, sehr befähigt, und man kann hoffen, daß sie sich verpflichtet fühlen, gute Arbeit in einem bestimmten Bereich zu leisten. Und man kann das Glück haben, daß sie kreativ sind. Und wenn das alles zusammenkommt über eine längere Zeit, dann kann man vielleicht sagen: Das ist eine hochbegabte Person. Doch wenn man Kinder bzw. Schüler von vorneherein mit dem Signet ‹hochbegabt› versieht, dann bleibt das an ihnen haften. Sie können dann sagen ‹Ich bin hochbegabt!›, ohne sich wirklich anzustrengen.»

Testen oder nicht?

«Henrik war sehr langsam bei den Hausaufgaben und in der Schule. Als die Lehrerin auch nicht mehr weiter wußte, hat sie uns nach dem Ratschlag einer Kollegin zur Erziehungsberatung geschickt. Doch das war absolut nicht das, was wir brauchten. Man fragte uns vor allem: Wie ist das Klima zu Hause, was machen Sie zusammen mit der Familie? Da kam zum Beispiel zur Sprache, daß der Vater mehr mit dem Sohn machen müßte. Doch das waren alles Dinge, die letztendlich keine Besserung brachten.

Im zweiten Schuljahr wurde es immer schlimmer. Ich wollte, daß er seine Aufgaben erledigt, ich wollte aber nicht, daß er soviel von seiner Freizeit dafür opfern muß. Ich war ungerecht, habe auch geschimpft. Ich habe Rat bei meiner Hausärztin gesucht, und sie verordnete eine Kur. Dort wurde auch ein Intelligenztest gemacht, der Psychologe sagte dann, an der Intelligenz könne es nicht liegen, daß er so langsam sei, im Gegenteil, er habe den Test ganz fix und ganz aufgeweckt und ganz neugierig gemacht – aber ohne daß dieser Psychologe das Wort Hochbegabung in den Mund nahm. So verstanden wir immer noch nicht, warum dieses intelligente Kind den Anforderungen der Schule nicht gerecht werden konnte. Es gab wieder keine Klärung für uns.»

Familie Schulz hat noch einen zweiten, jüngeren Sohn. Lukas hatte, anders als sein Bruder, bereits im Kindergarten Schwierigkeiten, die sich dann in der Schule fortsetzten. Sie ließen ihn testen, und erst dann wußten sie, warum auch Henrik mit dem Unterricht nicht zurechtkam.

In welchen Fällen sind Tests sinnvoll?

Bevor Eltern wie Bettina und Manfred Schulz von Pontius zu Pilatus laufen, weil angeblich mit ihrem Kind und ihnen etwas nicht stimmt – und wenn sie vermuten, es handele sich um ein hochbegabtes Kind –, dann sollten sie es unbedingt testen lassen. Denn die Probleme potenzieren sich, je länger die Hochbegabung unerkannt bleibt – sofern ein Kind zu denjenigen gehört, die in ihrer Umgebung Schwierigkeiten mit ihrem hellen Kopf haben. In solch einem Fall dient ein Test der aktuellen Lösung und der Vorbeugung zukünftiger Probleme.

Manchmal möchten Eltern auch einfach nur Sicherheit haben, ob sie mit ihrem Verdacht richtigliegen – um ihre Kinder vor Schwierigkeiten zu bewahren, um sie richtig zu behandeln und um sie richtig zu fördern. Das war z. B. für Familie Desch die Motivation für einen Test:

«Wenn wir vorher gesagt haben, ‹Ach, Alexander, es ist jetzt genug!›, wissen wir jetzt, er braucht etwas Neues. Das erste, was wir gemacht haben, war, in der Bücherei eine Lesekarte für ihn besorgen, so daß wir jetzt regelmäßig Bücher ausleihen. Und wir haben uns darauf eingestellt, daß er vielleicht Abitur machen und studieren wird, das hatten wir vorher nicht geplant.»

Ist Ihr Kind nicht glücklich, und vermuten Sie als Ursache Hochbegabung, dann sollten Sie den Weg zum Psychologen nicht scheuen.

Falls Sie einen Test wünschen, um die Begabungslage zu klären, dann müssen Sie sich vorher überlegen, wie Sie mit dem Ergebnis umgehen werden. Denn manche Eltern fühlen sich nach der Diagnose verpflichtet, ihr Kind zu fördern, soweit ihre Zeit, ihre Energie und ihr Geldbeutel das irgend zulassen – obwohl das Kind das eventuell gar nicht möchte.

Ab welchem Alter ist Testen sinnvoll?

«Christoph wollte den Test eigentlich gern machen. Ich hatte ihm gesagt, der Erziehungsberater wolle herausfinden, warum er so ungern in den Kindergarten gehe. Doch zuerst mußten wir warten, dann wurde er nicht von dem Erziehungsberater, sondern von einem Mitarbeiter getestet, auf den er nicht vorbereitet war. Das hat er schon nach zwanzig Minuten verweigert. Wir mußten ohne Testergebnis nach Hause gehen.»

Christoph war zu diesem Zeitpunkt vier Jahre alt, und seine Eltern hatten schon dreieinhalb Jahre hinter sich, die nicht einfach waren. Und genausowenig einfach ertrug er diese Situation des Testens, ganz abgesehen davon, daß sie nicht so verlief wie angekündigt. Er hatte sich auf den Erziehungsberater eingestellt, der ihn aber nur begrüßte und weiterschickte. Darüber hinaus war die Testzeit von zwei Stunden für ihn als Vierjährigen zu lang. «Zwei Monate später gingen wir zu einer ortsansässigen Psychologin, die uns von der ‹Deutschen Gesellschaft für das hochbegabte Kind› empfohlen worden war. Wir bereiteten Christoph genauso darauf vor wie beim ersten Test. Und es funktionierte: Die Psychologin begrüßte Christoph mit offenen Armen, sie redete zuerst mit ihm, nicht mit uns. Und sie teilte den Test auf zwei Tage mit jeweils einer halben Stunde auf. Christoph machte begeistert mit, danach wollte er am liebsten jeden Tag zu ihr gehen.»

Falls Sie Ihr Kind testen lassen wollen, so sollte es
- mindestens vier, besser fünf Jahre alt sein,
- sich ohne größere Schwierigkeiten zumindest eine halbe Stunde in die Obhut eines ihm zunächst fremden Menschen begeben, denn Eltern sollen bei einem Test nicht dabeisein,
- die Testperson akzeptieren,
- in der Lage sein, zumindest eine halbe Stunde oder auch länger stillzusitzen und sich auf eine Aufgabe konzentrieren zu können. Informieren Sie sich, wie lange der Test dauert!
- längere Fahrten ohne Übermüdung überstehen, sonst müssen Sie einen Psychologen aus Ihrer näheren Umgebung wählen.

Das gilt vor allem für kleinere Kinder, bei ihnen ist die Testsituation extrem «störanfällig». Größere sind solche «Testsituationen» von der Schule gewöhnt, und auch längere Fahrten machen ihnen nichts mehr aus.

Übrigens: Viele hochbegabte Kinder absolvieren die Tests mit Begeisterung: Endlich werden sie einmal herausgefordert, endlich dürfen sie mal etwas tun, was ihren Intellekt fordert. Manche wollen nach einem solchen Test das ganze am liebsten gleich noch einmal von vorne beginnen.

Welcher Psychologe ist geeignet?

Niedergelassene Psychologen

Falls Eltern nur wissen wollen, ob ihr Kind hochbegabt ist oder nicht, dann müssen sie einen niedergelassenen Psychologen suchen, der einen Test durchführen kann. In diesem Fall sind Eltern verpflichtet, die Kosten selber zu übernehmen. Wir empfehlen Ihnen, einen Psychologen zu suchen, der Erfahrung mit Kindern und mit Hochbegabung hat. Fragen Sie vorher danach!

Einige Adressen niedergelassener Psychologen können Sie über die Regionalverbände der Elternselbsthilfevereine (Bundesgeschäftsstellen Adressen s. S. 181) erfahren, denn manche Eltern geben ihre positiven Erfahrungen dort weiter. Es gibt dort allerdings kein flächendeckendes Adressennetz empfehlenswerter Psychologen.

Schulpsychologischer Dienst

Ist das Kind schon in der Schule oder geht es um eine frühe Einschulung, kann auch der schulpsychologische Dienst eine Anlaufstelle sein. Wer zuständig ist, erfahren Sie über Ihre Schule, das Schulamt, die Schulabteilungen in der Bezirksregierung. Test und Beratung sind kostenlos. Auch hier gilt: Einige Psychologen sind ausgezeichnet, andere noch wenig informiert – was sich zunehmend ändert –, weitere stehen dem Thema ablehnend gegenüber. Sollten Sie nach einem Vorgespräch ein ungutes Gefühl haben, versuchen Sie, jemand anderes zu finden.

Erziehungsberatungsstellen

Sind die Probleme nicht so schwerwiegend, daß der Kinderarzt eine Überweisung ausstellt, können Sie sich auch an eine Erziehungsberatungsstelle wenden. Die Beratungen dort sind kostenlos, die Tests ebenfalls.

Dort sollten Sie dann so vorgehen: Schildern Sie die konkreten Probleme, vermeiden Sie aber, darauf hinzuweisen, daß Sie als Grund für die Schwierigkeiten eine Hochbegabung vermuten. Denn für Erziehungsberater ist ein Test nur ein Faktor einer Beratung, keine Sache, wegen der allein Sie einen oder mehrere Termine in Anspruch nehmen können. Allerdings sollten Sie darauf vorbereitet sein, daß bei Erziehungsberatungsstellen häufig nach Problemen in der Familie gesucht wird. Falls Ihnen das passieren sollte, beharren Sie darauf, über die Probleme des Kindes zu sprechen! Ihm geht es schlecht, es ist traurig, depressiv, gelangweilt ... Es sollte also immer zunächst darum gehen, die außerfamiliären Rahmenbedingungen für das Kind zu verändern. In den meisten Fällen entspannt sich dann auch das Familienklima.

Wann brauchen Sie eine Überweisung?

Hat das Kind psychosomatische oder psychische Probleme oder zeigt es bereits Verhaltensauffälligkeiten, dann kann der Kinderarzt überweisen, und zwar an: einen Psychologen (s. o. S. 35), eine Universitätsklinik (die kinderneurologischen Abteilungen), ein Kinderneurologisches Zentrum oder ein Sozialpädiatrisches Zentrum.

Die nächstgelegenen Adressen erfahren Sie beim Kinderarzt, beim Gesundheitsamt oder in dem für Sie zuständigen Krankenhaus mit Kinderabteilung.

Therapien für hochbegabte Kinder

In den meisten Fällen ist eine Therapie für ein Kind nur dann angeraten, wenn es auch geraume Zeit nach einer Änderung der äußeren Bedingungen noch Probleme hat. Die häufigsten Therapieformen für hochbegabte Kinder sind:

- Familientherapie, die allerdings nur dann sinnvoll ist, wenn die ganze Familie so aus dem Gleichgewicht gekommen ist, daß alle professionelle Hilfe brauchen. Dann kann eine Therapie eine Familie wieder stabilisieren, und zwar oft in nur wenigen Sitzungen.
- Sozialverhaltenstraining, um hochbegabten Kindern den Umgang mit anderen zu ermöglichen bzw. zu erleichtern. Diese Therapieform wird nur von wenigen Therapeuten angeboten: Fragen Sie Ihren Kinderarzt danach!
- Spieltherapie, die wie das Sozialverhaltenstraining hochbegabten Kindern bei Kontaktschwierigkeiten helfen kann.

Der Diplompsychologe Werner Weng aus Alzenau (Bayern) z. B. bietet solch eine Therapie an. Er hat dafür zwei Gruppen gebildet, eine mit Vorschulkindern, eine mit Schulkindern, in denen jeweils etwa drei hochbegabte Kinder zusammenkommen. Diese treffen dort häufig zum ersten Mal auf Gleichbefähigte, auf andere also, die ihnen intellektuell ebenbürtig sind. Manche lassen sich dort zum ersten Mal auf Spiele ein, die zu spielen sie bei anderen Kindern ablehnen – weil sie sie dort auf ihrem Niveau machen können. Aber Werner Weng geht es weniger um das Absolvieren eines bestimmten Spieleprogramms, ihm geht es vor allem um eines: «Ich möchte, daß die Kinder die Erfahrung machen, daß sie nicht allein sind, daß es mehr Kinder gibt, die sich genauso anders fühlen.»

Wie erkläre ich meinem Kind den Test?

Christine Mayer hat ihrem vierjährigen Sohn den Test sehr vorsichtig nahegebracht. Er verweigerte den Kindergartenbesuch und hatte Schwierigkeiten mit Gleichaltrigen. Christine Mayer sagte ihrem Sohn, daß der Psychologe herausfinden wolle, warum er sich im Kindergarten langweile, und daß er Spiele mit ihm machen würde, die er noch nicht kenne.

Inge Weidners Tochter war bereits sieben, als der Test absolviert wurde. Sie verlangte eine weitergehende Erklärung. Sie sagte ihrer Tochter: «Beim Psychologen wird man untersucht wie beim Kinderarzt auch. Dort wird nicht überprüft, ob im Körper alles richtig funktioniert, sondern wie gut einer denken kann und wie gut einer mit anderen Menschen zurechtkommt. Und wenn man das nicht so gut kann wie alle anderen Kinder, die gleich alt sind, bekommt man eine Behandlung.»

Noch älteren Kindern sollten Sie sagen, daß es um einen IQ-Test geht. Das ist für Eltern, die das Thema Hochbegabung mit ihren Kindern nicht offen besprechen wollen, zwar schwierig, aber unvermeidbar. Hat das Kind allerdings erhebliche Probleme in der Schule, ist Offenheit sowieso nötig. (Mehr dazu s. S. 44ff.)

Kapitel 3

Umgang mit der Diagnose «Hochbegabung»

Die Hochbegabung akzeptieren.
Ein Gespräch mit Dr. Aiga Stapf, Tübingen

Die Tübinger Psychologin Dr. Aiga Stapf ist auf Hochbegabung spezialisiert. Sie führt Tests durch, berät Eltern und macht umfangreiche begleitende Forschungen auf diesem Gebiet. Auf die Frage, wie Eltern damit zurechtkommen, wenn sie von der Diagnose Hochbegabung hören, bat sie uns ausdrücklich, sie zu zitieren (was hier gern geschieht, weil sie vielen Eltern aus dem Herzen spricht):

Wie reagieren Eltern auf die Diagnose?
Dr. Aiga Stapf: «Es ist nicht gut, diese Kinder auf ein Mittelmaß zurechtstutzen zu wollen. Das versuchen viele Eltern, weil sie ‹normale Kinder› haben wollen. Intelligente, aber unauffällige, weniger anstrengende Kinder. Ich kenne überhaupt kein Elternteil, das sagen würde: ‹Oh, ich bin glücklich, daß ich ein hochbegabtes Kind habe.› Alle sind eher schockiert, wenn wir ihnen bestätigen: ‹Ja, tatsächlich, beim Test ist herausgekommen, daß Ihr Kind sehr hohe Werte hat.›»

Warum reagieren Eltern so?
«Weil es einfach eine riesige Verantwortung ist. Wenn Sie wüßten, daß Ihr Kind hochgradig musisch oder mathematisch begabt ist, hätten Sie einen ganz anderen Druck, als bei einem normalen Kind, einen Druck, daß das Kind auch gefordert wird. Fördern ist gar nicht so wichtig. Gefordert-Werden, das ist das entscheidende.»

Was raten Sie Eltern zuerst?
«Das Akzeptieren des Außergewöhnlichen. Akzeptieren heißt nicht, daß man sagt: ‹Mein Kind ist das größte, es ist ein Genie!› Sondern die Eltern sollen verstehen, daß Hochbegabung eine ganz normale Variation der Intelligenz ist, sie ist nicht anormal. Menschen unterscheiden sich in vielerlei Hinsicht, so wie manche gut hören und manche besser hören oder scharf sehen und weniger scharf sehen, so sind manche sehr begabt und manche mittel oder weniger.

Akzeptieren heißt auch, die Bedürfnisse des Kindes ernst zu nehmen, also nach Büchern, nach Lesen auch schon mit drei Jahren, nach Schreiben oder Sammeln – also nach dem, was dem Kind Spaß macht. Und es heißt, Erzieherinnen und Lehrern zu vermitteln, daß gerade das Denken diesen Kindern Spaß macht. Und daß es eine Qual für sie ist, stundenlang Sandhaufen von einer Ecke in die andere zu schaufeln – was ein normales zweijähriges Kind vielleicht gerne macht.

Es gilt also, diese Bedürfnisse zu erkennen und trotzdem zu sagen: ‹O. k!› Diese Kinder haben in anderen Bereichen ganz normale durchschnittliche Werte. Das wichtigste ist wirklich das Akzeptiert-Werden, was aber nicht heißt, daß sie nicht Rücksichtnahme auf andere lernen müssen.»

Eltern fällt das Akzeptieren nicht leicht, schließt es doch ein, als Familie nun zu einer Minderheit zu gehören, sich mit einem Thema

zu beschäftigen, von dem viele noch nichts gehört haben. Und dennoch berichten viele Eltern, daß für sie die Diagnose auch eine Erleichterung gewesen ist, wissen sie nun doch, warum ihr Kind so wissensdurstig, vielleicht unruhig oder gar auffällig ist.

1. Schritt:
Die Hochbegabung als Bereicherung sehen

Um Ihnen das Akzeptieren zu erleichtern, möchten wir an dieser Stelle davon berichten, wie Eltern die Hochbegabung ihrer Kinder sehen, wenn sie damit zu leben gelernt haben. Wir wollen Ihnen vermitteln, daß Sie die Hochbegabung Ihres Kindes nicht nur als Belastung, sondern auch als Chance sehen sollten.

Denn viele Eltern hochbegabter Kinder sind ein bißchen stolz und auch froh, sie freuen sich an ihrem «reichen Kind». Sie finden es einfach toll, daß ihr Sohn oder ihre Tochter alles schnell versteht, gut reden kann und mit Erwachsenen gut klarkommt, daß sie mit ihren Kindern früh anspruchsvolle Spiele spielen und Unternehmungen machen können.

Bettkantengespräche

Sybille Metz, Mutter dreier hochbegabter Kinder und eines normal begabten Kindes geht es so: Auf die Anfrage, ob sie sich für dieses Buch interviewen lassen würde, sagte sie: «Ich kann aber keine Horrorgeschichten anbieten, bei uns ist es nicht so, wie es manchmal geschildert wird.» Und am Ende des Interviews meinte sie: «Also es ist wunderbar mit den Kindern. Clemens ist ein toller Partner. Wir führen sogenannte Bettkantengespräche abends. Da sitzen wir miteinander, wenn alle anderen, der sogenannte Kleinkram, im Bett sind. Und dann, dann können Sie mit ihm richtig philosophieren, das macht Spaß. Man muß manchmal aufpassen, daß man nicht vergißt, daß er erst zehn ist. Denn manche Dinge, denke ich, können Kinder emotional nicht verarbeiten. Wenn man die Überschriften in den Zeitungen liest und wir dann anfangen, uns über den Zweiten Weltkrieg und die Juden zu unterhalten, merke ich schnell, wie ich mit seiner Fragerei auch an das Ende meines eigenen Wissens, meiner eigenen Kapazitäten komme. Das ist eine unwahrscheinliche Bereicherung.»

Interesse an allem

Margarete Sendelbach erlebt das alles potenziert, selbst Mutter eines hochbegabten Kindes, leitet sie eine Familiengruppe der «Deutschen Gesellschaft für das hochbegabte Kind». Wenn sie mit einer Kindergruppe unterwegs ist, geht der Gesprächsstoff nicht aus: «Ich fuhr einmal mit ein paar Kindern, die an Architektur interessiert sind, mit dem Zug nach Frankfurt. Sie haben sich dann dort mit großem Interesse die Hochhäuser betrachtet. Wir sind dabei durch eine Straße gekommen, in der sehr viele Botschaften waren. ‹Ja, was ist denn eine Botschaft?› Da hatten wir ein unendliches Gesprächsthema. Fragen Sie mal andere zehnjährige Kinder, ob sie Interesse an der Botschaft von Uruguay haben ...»

Mit den Augen der Kinder sehen

Auch Petra Most, Mutter von vier hochbegabten Kindern, sieht das Leben mit ihrer Familie als großartige Chance, und das, obwohl zwei ihrer Kinder viele Jahre lang Probleme in Kindergarten und Schule hatten:

«Ich finde meine Kinder faszinierend, weil ich sagen muß: Das meiste, was ich in meinem Leben überhaupt gelernt habe, habe ich im Zusammenhang und durch meine Kinder gelernt. Überhaupt, daß sie da sind, daß ich mit ihnen lebe und mit ihnen die Welt völlig neu erfahre.

Und vor allem ist faszinierend: durch die Hochbegabung der Kinder die Welt auf eine ganz neue Art und Weise kennenzulernen, von den kleinsten bis zu den größten Fragen, mit den Augen von jemandem, der völlig unbelastet ist – weil die Kinder mich auf den Schlauch gestellt haben, weil Dinge, die für mich völlig klar waren, über die ich noch nie nachgedacht habe, über die dachten auf einmal die Kinder nach. Und die sagten: ‹So ist es aber nicht!›»

2. Schritt:
Den Umgang mit dem Thema lernen

Mit dem Kind über seine Hochbegabung sprechen

Zur Akzeptanz gehört auch, eventuell mit dem Kind über seine Hochbegabung zu sprechen. Wie offen, das hängt davon ab, wie alt das Kind ist und wieviel Problemdruck vor der Diagnostik bestand.

Hatte das Kind nur wenig Schwierigkeiten und ist es noch sehr jung, ist es sinnvoll, nicht über den Begriff Hochbegabung zu reden. Empfehlenswert ist dann bei einem Kindergartenkind eventuell, ihm zuzugestehen, daß es sich im Kindergarten langweilt. Und vielleicht braucht es eine Erklärung wie: «Manche Kinder wie du interessieren sich mit drei Jahren für Zahlen und Buchstaben, andere mit fünf oder sechs. Das ist ganz normal.» Auch einem Schulkind sollte man die Langeweile nicht ausreden, sondern ihm zu verstehen geben, daß es manche Dinge eben schon beherrscht, während die anderen Kinder etwas länger brauchen, sie zu lernen.

War der Problemdruck groß, so entlastet es das Verhältnis zwischen Eltern und Kindern, wenn die Hochbegabung offen thematisiert wird. Denn häufig empfinden die Kinder oder die Eltern sich schuldig an den Problemen. Eine Mutter drückte das Dilemma so aus: «Ich wollte es meinem Sohn anfangs nicht sagen, aber der Professor, der ihn getestet hatte, meinte: Bei seinem IQ hätte er sowieso längst gemerkt, daß er anders sei. Dann habe ich ihm erklärt, daß er hochbegabt ist. Und ich muß sagen: Das hat unsere Beziehung sehr verbessert. Wir wußten jetzt, wo die Probleme herkamen. Es war keiner mehr schuld an irgend etwas, niemand mehr hatte irgend etwas verkehrt gemacht.»

Ob Ihr Kind drei oder zehn Jahre alt ist: Wenn Sie ihm vermitteln, daß Hochbegabtsein kein Grund für Arroganz ist, so wird Ihr Kind diese Haltung übernehmen. Dann brauchen Sie, selbst wenn Sie das Wort Hochbegabung nennen, nicht zu befürchten, daß Ihr Kind damit hausieren geht. Im Gegenteil: Die meisten Kinder bemühen sich, niemanden merken zu lassen, daß sie hochbegabt sind.

Verschweigen oder nicht?

Alle Eltern reden mit anderen Menschen über ihre Kinder, über ihre Vorzüge und Schwierigkeiten. Eltern, deren Kinder hochbegabt sind, stoßen dabei allerdings manchmal auf negative Reaktionen:

- Neid: In erster Linie erleben betroffene Eltern Neid, insbesondere wenn sie mit anderen Eltern, die Kinder im gleichen Alter haben und ehrgeizig sind, über das Thema sprechen. Denn ein hochbegabtes Kind verursacht in solchen Fällen Konkurrenz- und Unterlegenheitsgefühle.
- Unverständnis: Das Thema Hochbegabung ist für viele keines, weil sie nichts darüber wissen. Eine typische Reaktion: «Die Kinder sind doch heute alle weiter, die werden so gefördert, die haben so viele Bücher, Kassetten und Spielzeug. Da ist ein Kind, das ein bißchen mehr als andere kann, doch nicht gleich hochbegabt ...»
- Veraltete Erziehungsvorstellungen: Besonders bei den Großeltern ernten Eltern lebhafter hochbegabter Kinder häufig nur Kritik: «Meine Schwiegereltern sind altmodisch und strikt», fällt Petra Most dazu ein, «und Daniel war nicht zu bändigen. Da hieß es: ‹Na, ja, die unfähige Frau, die ihre Kinder nicht erziehen kann.›» Und Manuela Schäfer ist sich sicher, «daß mein

Vater meinen Sohn täglich dreimal durchprügeln würde, und dann würde das laufen, bis der Wille gebrochen ist».

- Unsicherheit: Es gibt Menschen, die durch nicht «normgemäße» Kinder verunsichert werden, wie Petra Most schildert: «Kaum ein Erwachsener konnte mit Daniel etwas anfangen – weil er Autoritäten schlicht und ergreifend nicht anerkannte. Er redete per du, und jeder war gleich Partner. Leute mit Humor, die wenig Probleme mit ihrer eigenen Autorität hatten, fanden Daniel großartig. Und Leute, die damit Probleme hatten, empfanden das Kind als eine Katastrophe. Wie kann man ein Kind nur so erziehen ...»

All das bedeutet letztendlich für manche Eltern, daß der Kontakt mit anderen Familien sehr schwierig wird, weil das offene Gespräch unmöglich ist: «Als ich mit dem Thema offen umgegangen bin», berichtet Inge Weidner, «bin ich von meinem Bekanntenkreis aus Kindergarten und Grundschulzeit vollständig ausgegrenzt worden. Die einzige Gelegenheit, offen darüber zu sprechen, waren die Elternabende der ‹Deutschen Gesellschaft für das hochbegabte Kind›. Dort hörte ich endlich Ähnliches und konnte auch etwas erzählen, ohne dafür gleich in die Ecke gestellt zu werden.»

Familien mit hochbegabten Kindern gehören zu einer Minderheit, deren Besonderheiten und Schwierigkeiten die Mehrheit nicht kennt. Deshalb brauchen die betroffenen Eltern die Möglichkeit, sich mit anderen Müttern und Vätern in der gleichen Situation auszutauschen. Das können sie auf den Gesprächsabenden der Elternselbsthilfegruppen (Adressen s. S. 181), die in jedem Bundesland vertreten sind. Zusätzlich haben sich in einigen kleineren Orten lokale Elterngruppen (Familiengruppen) der Regionalverbände gegründet, die Müttern, Vätern und Kindern regelmäßig und in unmittelbarer Nähe die Gelegenheit bieten, sich auszutauschen und etwas zusammen zu unternehmen.

Informieren Sie sich!

Ein weiterer Schritt ist eine intensive Beschäftigung mit dem Thema, so intensiv und umfassend wie möglich – über Broschüren, Bücher und Gespräche mit anderen betroffenen Eltern.

Interessiert sich z. B. ein Dreijähriger für Buchstaben oder Zahlen, blocken viele Eltern dieses Interesse mit dem Argument ab, daß das Kind diese Zeichensysteme in der Schule lernen werde. Folge kann sein, daß sich das Kind, wenn es dann tatsächlich in die Schule geht, nicht mehr für Buchstaben und Zahlen interessiert, weil es sie eigentlich viel früher lernen wollte. Wenn Eltern um die Hochbegabung ihrer Tochter oder ihres Sohnes wissen, so wundern sie sich nicht mehr über den frühen Wunsch, sich mit den Kulturtechniken Lesen und Schreiben zu beschäftigen, und unterstützen ihn vielleicht sogar noch, indem sie geeignete Materialien besorgen (s. S. 84f.).

Das Gleiche gilt für andere Verhaltensauffälligkeiten und Lernschwierigkeiten in der Familie, im Kindergarten oder in der Schule. Ist die Hochbegabung bekannt, können Eltern, Erzieher und Lehrer richtig darauf reagieren. Auch für eine frühe Einschulung (s. S. 111ff.) oder das Überspringen (s. S. 145ff.), Maßnahmen, die aufgrund einer Hochbegabung eventuell sinnvoll sind, können sich Eltern nur dann mit Überzeugung einsetzen, wenn sie genug über das Thema wissen.

Und vor allem: Sind Eltern gut informiert, gehen sie gelassener mit dem Phänomen um. Und sie können Kritik von anderen, seien es Freunde, Verwandte, Erzieherinnen oder Lehrer, eher aushalten.

3. Schritt:
Auch die Belastung akzeptieren

Zum Akzeptieren gehört auch, hinzunehmen, daß hochbegabte Kinder mehr fordern als andere. Es heißt, sich darauf einzustellen, daß man ihnen mehr Zeit und Aufmerksamkeit widmen muß, als das in anderen Familien der Fall ist. Manchmal bedeutet es für die Mutter, ihre Berufstätigkeit nicht in dem Maße wieder aufnehmen zu können, wie sie sich das vielleicht vor der Familiengründung vorgestellt hat.

Beständige Aufmerksamkeit

Die meisten hochbegabten Kinder sind und bleiben anstrengend, das müssen ihre Eltern wohl oder übel hinnehmen. Bettina Schulz ist z. B. von Anfang an aufgefallen, daß ihr zweiter Sohn

Lucas immer im Mittelpunkt stehen wollte: «Lucas ist ein Kind, das schon als ganz kleines Kind in jeder Situation Aufmerksamkeit suchte und sich immer bemerkbar machte. Also wenn er merkte, ‹da ist ein Mensch, der liegt mir nicht und der gibt mir nicht die Aufmerksamkeit, die ich will›, dann war er unangenehm.»

Dieser beständige Wunsch nach Aufmerksamkeit und Ansprache fordert insbesondere die Mütter bis an die Grenzen ihrer Kräfte, wie Margareta Vogel eindrücklich schildert: «Sarah hat mich so gefordert, daß ich abends dachte: ‹Noch einen Augenblick länger, und ich drehe durch!› Sie war lieb, sie war nicht ungezogen. Aber diese Anstrengung, dieses immerwährende Fordern, dieses: ‹Ich brauche Neues und Neues und Neues!› Dann habe ich manchmal zu meinem Mann gesagt: ‹Nimm sie bitte eine halbe Stunde, ich muß einfach mal abschalten, ich kann nicht mehr.› Gott sei Dank, hat er sie dann genommen und ist mit ihr weggegangen oder hat etwas mit ihr gespielt.»

Reden, reden, reden

Sobald hochbegabte Kinder sprechen können, wollen sie reden, reden, reden, und sie wollen alles, aber auch alles, was sie interessiert, erklärt und begründet haben. Großartig daran ist, daß Eltern sich schon sehr früh mit ihren Kindern wie mit Erwachsenen unterhalten können. Weniger positiv empfinden manche Eltern, daß sie unter einem ständigen und dauernden Erklärungs- und Begründungszwang für alles und jedes stehen, sie können kaum irgend etwas erzählen und kaum einen Handgriff tun, ohne daß ihre Kinder «hinter ihnen herfragen».

«Die Kinder können schlecht akzeptieren», stellt Beate Rühl fest, «daß die Mutter einfach mal nichts von Schule oder Lernen hören will oder ihnen etwas, und sei es noch so einfach, auseinandersetzen will. Und wenn dann ständig einer hinter mir steht, und fragt, warum ich das so mache und ob das jetzt falsch wäre, wenn das jemand anders anders machen würde, dann werde ich auch manchmal laut.»

Die Mütter werden gebraucht

«Marion ließ sich nur von mir betreuen, ich konnte noch nicht einmal die Schwangerschaftsgymnastik für mein zweites Kind mitmachen. Als sie zwei Jahre alt war, ging sie immerhin mit ihrem Vater mal für zwei Stunden einkaufen, aber abends Weggehen, das konnte ich nicht, bis sie fast vier Jahre alt war», erzählt eine Mutter. Der Grund für die Schwierigkeit, einige der jüngeren hochbegabten Kinder von anderen Menschen als der Mutter (bzw. dem Vater, wenn er der Haupterziehende ist) betreuen zu lassen, ist folgender: Hochbegabte kleine Kinder verhalten sich nicht immer ihrem Alter entsprechend, das verwirrt andere erwachsene Betreuer. Die Kinder spüren, daß letztendlich nur die Mutter – bzw. der Haupterziehende – sie versteht. Und deshalb klammern manche dieser ganz Kleinen sehr.

Werden die Kinder älter, lassen sie sich zunehmend besser von anderen betreuen. Von ihren Eltern brauchen sie dann Verständnis und Hilfe für den Alltag. Renate Pfeuffers Sohn Adrien z. B. wurde auf Antrag eingeschult, sprang Mitte der ersten in die zweite Klasse und benötigte deshalb seine Mutter später auch als Fahrerin zum Gymnasium, weil er allein den komplizierten Weg mit Bus und Bahn noch nicht bewältigen konnte. Adrien besucht heute einen Computerkurs für hochbegabte Kinder und Vorträge der VHS und des Physikalischen Vereins, alles findet in einem Umkreis bis 50 km Entfernung statt: «Ich denke, ich hätte es einfacher», meint Renate Pfeuffer, «wenn meine Kinder nicht immer in einem merkwürdigen Alter Dinge tun wollten, bei denen sie auf mich angewiesen sind. Ich muß halt immer noch sehr viel stützen, wo es einfach noch nicht reicht. Ich sehe das auf jeden Fall als eine riesige Arbeit für mich an.»

4. Schritt: Grenzen setzen!

«Adrien hatte ein sehr langes und heftiges Trotzalter, er hat sich immer auf den Boden geworfen und geschrien. In dieser Trotzphase mußte man strategisch wie ein Schachspieler weit vorausdenken. Ich mußte immer damit rechnen, daß Adrien probiert: ‹Ich mach jetzt nicht, was sie verlangt, mal gucken, was sie dann macht.› Wenn ich etwas von ihm wollte, habe ich deshalb immer zuerst überlegt: ‹Was setze ich dagegen, wenn er es nicht erledigt?› Und wenn ich keine Möglichkeit sah, ihn zu überzeugen, dann habe ich erst gar nichts gesagt.»

Mit dem Beginn des Trotzalters beginnt für einige Eltern hochbegabter Kinder eine harte Zeit. Denn die Machtkämpfe, die diese Kinder dann führen, sind extrem heftig und dauern manchmal viele Jahre, also weit über das Trotzalter hinaus, an. Bei Petra Most haben sie bis heute – Daniel ist jetzt 17 Jahre – nicht aufgehört:

«Daniel rannte immer wieder weg, man konnte ihn nicht aus den Augen lassen. Er rannte auch über jede Straße. Ich erinnere mich an eine Situation, da ist seine Schwester über die Straße gegangen, ohne mir die Hand zu geben. Da habe ich sie genommen und gerüttelt und gesagt: ‹Das tust du nicht mehr!›, und o.k., sie hat's nicht mehr getan. Beim Daniel war das so: Ich habe ihn genommen, ich habe ihn gerüttelt. Daraufhin schaute er mich an, streckte die Zunge raus, und rannte noch dreimal über die Straße hin und her, nach dem Motto: ‹Ich kann, und ich will!› Das war immer so, er erkannte keinerlei Autorität an, auch nicht meine. Ich habe versucht zu sanktionieren, aber Sanktionen halfen überhaupt nichts. Sanktionen waren für ihn Herausforderungen.

Wir gingen z. B. einmal eine Straße lang, in der Leute in einem großen Loch die Telefonleitungen oder Stromleitungen reparierten. Daniel sprang mit Anlauf da hinein. Die Männer waren natürlich wütend. Und Daniel sagte: ‹Sie dürfen mich ohrfeigen, Sie dürfen mich ohrfeigen, aber ich muß das jetzt sehen!›»

Kinder brauchen Grenzen

Dennoch: «Kinder brauchen Grenzen»! Und genauso nannte Familienberater Jan-Uwe Rogge sein 1993 erschienenes Buch. Denn Grenzen vermitteln Sicherheit und Orientierung. Und hochbegabte Kinder, die den ganzen Tag ihre Umwelt analysieren, einteilen und bestimmen wollen, brauchen elterliche Grenzen besonders, fügt er in einem Beratungsgespräch für Eltern eines hochbegabten Jungen hinzu.

Die amerikanischen Psychologen James T. Webb, Elizabeth A. Meckstroth und Stephanie S. Tolan erklären die Situation des Grenzen-Auslotens bei hochbegabten Kindern mit einem sehr eindrücklichen militärischen Bild: Sie schreiben, ein Kind brauche eine Welt mit markierten Minen, so daß es wisse, wann es Explosionen bei den Erwachsenen auslöse und wann nicht. Hätte das Kind klare Grenzen für das Verhalten, so die Autoren weiter, so verfügte es über einen Bereich, in dem es kreativ sein könne, ohne ständig herausfinden zu müssen, wo denn die «Minen» (die Grenzen) versteckt seien (vgl. Webb/Meckstroth/Tolan 1985, S. 81).

Hochbegabte Kinder müssen aber nicht nur die «Minen» genau kennen, sie müssen überhaupt Grenzen akzeptieren. Und damit tun sich einige sehr schwer, sie kämpfen regelrecht gegen die Personen, die ihnen Grenzen und damit Begrenzungen auferlegen, erklärt die Tel-Aviver Psychologin Erika Landau, eine der Spezialistinnen im Hochbegabtenbereich. Warum fühlen sich diese Kinder eingeengt? Weil sie Fähigkeiten, Möglichkeiten, Potentiale in sich

haben, die darauf ausgelegt sind, Neues zu machen, zu finden, zu entdecken. Weil ihre Stärke gerade darin liegt, neue Wege zu gehen – und sich nicht nach Konventionen zu richten (vgl. Landau 1990, S. 69–72).

Schicksal?

«Manchmal habe ich das Gefühl, er ist nur auf der Welt, um seine Sachen zu machen», stöhnt Melanie Stein, Mutter des vierjährigen Stephan. «Es interessiert ihn ganz einfach nicht, ob er uns mit irgendwas stört oder nicht, ob er Rücksicht nehmen soll oder nicht.» – «Mir ist er manchmal unheimlich», meint Stephans Vater, «er geht einfach über alles hinweg.»

Stephans Eltern verzweifeln oft an der Rücksichtslosigkeit ihres Kindes. Doch was sie verzweifeln läßt, kann man auch ganz anders sehen. Wenn man den Psychologen Glauben schenkt, die in der

Gegenbewegung zur Erklärbarkeit aller psychologischen und physiologischen Prozesse den Wert der «inneren Stimme» wiedererkennen. Bekanntester Vertreter dieser Gedanken ist der amerikanische Psychotherapeut James Hillmann, der sagt (vgl. Hillmann 1998, S. 27): «Was wir Trotz oder zwanghaftes Verhalten oder Obsession nennen, ist oftmals eine Hingabe.» Weiter beschreibt Hillmann, daß in primitiven Kulturen solche Kinder besonders beobachtet werden, man ihre Talente oder Eigenheiten besonders schätze und fördere. Hillmann hat festgestellt, daß viele bekannte und berühmte Menschen in ihrer Kindheit als «auffällig» galten, «ihr Dämon hat es ihnen nicht erlaubt, sich anzupassen, und sie hielten an ihrer Berufung fest, auch wenn sie einen hohen Preis dafür bezahlten.» Denn Hillmann ist sich sicher, daß es Kindern schwerfalle, sich aufzulehnen, sie können nur ganz einfach nicht anders.

Wie können Sie Ihrem hochbegabten Kind Grenzen setzen?

- Schon sehr junge hochbegabte Kinder akzeptieren Grenzen am ehesten, wenn Sie sie vorher im Gespräch mit ihnen festlegen. Danach allerdings sollten solche Absprachen nicht ständig wieder zur Diskussion stehen, sondern zumindest für eine bestimmte, ebenfalls festgelegte Zeit gelten.
- Da Sie nicht für alle Kleinigkeiten des Alltags so viel Kraft haben, wie nötig wäre, um Ihren Willen durchzusetzen: Bestehen Sie nur bei wichtigen Dingen darauf, daß die von Ihnen gesetzten Grenzen eingehalten werden.
- Ziehen Sie die Grenzen nicht zu eng. Hochbegabte Kinder brauchen viel Spielraum für ihre Kreativität, Raum im übertragenen und im realen Sinn, sie benötigen Gedankenfreiheit und Platz. Denken Sie auch daran, wieviel Kraft Sie dafür wahrscheinlich haben müssen, um durchzusetzen, daß die engen Grenzen eingehalten werden.

- Berücksichtigen Sie, daß hochbegabte Kinder schon sehr früh hin der Lage sind, für sie einsichtige Grenzen zu akzeptieren und sich selber Grenzen zu setzen. Das bedeutet, daß Sie vieles nicht ständig wiederholen müssen, Ihr Kind hat es schon nach dem ersten Mal verstanden.

- Besonders bei jungen hochbegabten Kindern sollten Sie Ihren Alltag streng ritualisieren. Damit entgehen Sie dem ständigen Begründungszwang zumindest für die Dinge, die durch einen gleichmäßigen Tagesablauf festgelegt sind.

5. Schritt: Machen Sie kein Vorzeige-Wunderkind aus Ihrem Sohn oder Ihrer Tochter!

Bei der Frage, wieviel Förderung für ein hochbegabtes Kind gut ist, gehen die Meinungen weit auseinander. Die Autorinnen dieses Buches gehen von einem ganzheitlichen Menschenbild aus, das bedeutet, daß alle kindlichen Bereiche gefördert werden sollen. Es ist uns nicht daran gelegen, Ihnen zu raten, ein Wunderkind aus Ihrem Sohn oder Ihrer Tochter zu machen. Ihr Kind ist auch ein Kind wie alle anderen, und genauso müssen Sie es behandeln. Es braucht liebevollen Körperkontakt, Zuwendung und Geborgenheit in der Familie und im Freundeskreis, es braucht Grenzen und Rituale, Bewegung und Spiel, und es braucht eventuell Förderung in den Bereichen, in denen es aufgrund seiner asynchronen Entwicklung zurück ist. Und es braucht ihm gemäße Anforderungen, die ihm vermitteln, daß es etwas geleistet hat – wie es der Pädagogikprofessor Felix von Cube und der Wirtschaftsfachmann Dieter Alshuth in ihrem 1986 erschienenen Buch «Fordern statt verwöhnen» verlangen.

Kapitel 4

Hochbegabte Kinder sind anders

Hochbegabte Kinder sind häufig in ihren intellektuellen Fähigkeiten um Jahre voraus, auch die soziale Reife ist oft weiter fortgeschritten, als man es erwartet. Nur die körperliche und die emotionale Reife entsprechen ihrer Altersstufe. Diese Diskrepanz (psych.: «Asynchronität») kann dem hochbegabten Kind Probleme bereiten, Probleme mit sich selber, mit den Eltern und mit Menschen, die von ihm altersgemäßes Verhalten erwarten. Das beginnt sehr früh, die Eltern sind die ersten, die mit dem scheinbar unverständlichen Verhalten konfrontiert werden.

Das Anders-Sein

«Ich will nicht zu den Hochbegabten gehören, ich will so sein wie alle!» (Sarah, 5)

«Ich muß mich in der Schule völlig anders geben als ich bin!» (Franziska, 8)

«Mama, ich möchte dumm sein, deswegen lerne ich lieber gar nichts.» (Martin, 7)

«Wenn ich nicht geboren wäre, hätten wir beide diesen Kummer nicht.» (Gesa, 6)

«Ich wünschte, ich hätte einen Freund.» (Manuel, 8)

Hochbegabte Kinder möchten geliebt werden, sie möchten akzeptiert sein, sie möchten Freunde haben genau wie alle Kinder. Denn nur so können sie ein positives Selbstkonzept entwickeln, das Grundbedingung für die Lebens- und Leistungsfreude ist (vgl. Schlichte-Hiersemenzel 1995, S. 44). Und doch spüren hochbegabte Kinder sehr früh, daß sie anders sind. Denn solange Kinder nur in einem einzelnen Bereich von der mittleren Gruppennorm abweichen, wird das im allgemeinen von der Gruppe und von den Erzieherinnen bzw. Lehrern gut akzeptiert. Weicht ein Kind aber in sehr vielen Einzelbereichen zu sehr von der Gruppennorm ab und hat vielleicht sogar einen Persönlichkeitsbereich, der schwächer entwickelt ist als bei der Gruppennorm, führt das häufig zu Integrationsschwierigkeiten.

Integrationsschwierigkeiten, das klingt sehr harmlos, ist es aber nicht. Denn der Begriff bedeutet in erster Linie, daß diese Kinder nur schwer Spielkameraden und Freunde finden, daß sie oft allein spielen und allein die Nachmittage verbringen. Eine ganze Reihe von Eltern berichten davon. Dazu kommt, daß man sie mit «Streber», «Professor» u. ä. beschimpft, daß sie verspottet, geärgert, gejagt und verprügelt werden. Denn viele hochbegabte Kinder wehren sich nicht – und das merken die anderen meist sehr schnell.

Lernen zu sagen: «Ich bin anders»

Einige hochbegabte Kinder sind aufgrund ihrer Andersartigkeit sehr isoliert. Manche empfinden das als normal, sie sind eigenbrötlerisch, sie wollen sich nur mit dem beschäftigen, was sie interessiert, und brauchen keine Spielkameraden dafür.

Andere hingegen leiden unter der Einsamkeit. Eltern sollten diesen Kindern behutsam erklären, warum sie anders sind – behutsam, d. h. bei kleineren Kindern den Begriff Hochbegabung möglichst vermeiden und bei älteren sehr vorsichtig damit umgehen (siehe auch S. 44). Und Eltern müssen ihren Kindern helfen, mit dem Anders-Sein umzugehen. Damit umgehen heißt akzeptieren und die damit eventuell verbundenen Kontaktschwierigkeiten zumindest teilweise hinnehmen. Manche Eltern suchen sich bei dieser Aufgabe die Hilfe eines Therapeuten. Auch Familie Metz handelte so: «Die Therapie hat Clemens auch geholfen zu sagen, ‹Ich bin anders!›, und gleichzeitig zu wissen, ‹Ich gebe mich nicht auf, aber in Randbereichen muß ich mich anpassen, damit es mir nicht weh tut.› Und mit dieser Philosophie kommt er in der Schule auch ganz gut zurecht. Er gibt bei seinen Klassenkameraden zum Beispiel zu, daß er wahnsinnig viel liest. Die lachen darüber, und meinen, sie lesen lieber Bravo und sie könnten nicht verstehen, was Clemens liest. Oder er macht gewisse Sachen einfach nicht mit, z. B. jemanden im Klo einschließen, davon distanziert er sich. Andererseits hilft er seinen Klassenkameraden, hier dem einen und da dem andern.»

Warum sind hochbegabte Kinder so anders?

Sie sind nicht nur aufgrund ihres Wissens und ihrer Sprachgewandtheit anders, das schnellere, andere Denken der hochbegabten Kinder schließt einige Fähigkeiten ein, die sie ihren Altersgenossen voraus haben und die sie von ihnen entfremden. Das sind bei vielen:
• ein ausgeprägtes Gerechtigkeitsempfinden und eine übergroße Sensibilität,
• die Ablehnung von Gewalt,
• Perfektionismus.
Es erscheint Erwachsenen nicht unbedingt logisch, warum solche positiven Eigenschaften zu Schwierigkeiten führen können, deshalb sollen einige Schilderungen von Eltern dies hier verdeutlichen:

1. Gerechtigkeitssinn, Sensibilität, Führungsfähigkeit

«David hatte dann drei Freunde, mit einem war er mit Sicherheit aufgrund seines Gerechtigkeitssinnes befreundet. Das war ein Kind, das in ganz schlechten Verhältnissen bei seiner Großmutter lebte. Die Lehrerin hielt ihn für dumm und wollte ihn unbedingt aus der Klasse haben. Für den hat er sich stark gemacht. Einmal hat David gepfiffen, um sie zu testen. Dabei hat die Lehrerin natürlich wieder diesen Jungen verantwortlich gemacht. Da hat David den Mut gehabt zu sagen: ‹Nein, das war ich!›»

Davids Verhalten stößt vor allem deshalb auf Widerstand bei den anderen Kindern, weil er aufgrund seiner intellektuellen Fähigkeiten ohnehin Außenseiter ist. Das muß nicht allen hochbegabten Kindern so gehen. Voraussetzung dafür sind allerdings Erwachsene, die sich von einem Kind, das ihnen geistig fast ebenbürtig ist, sich in andere einfühlen kann und sich in Konflikte einmischt, nicht bedroht fühlen. Sie müssen erkennen, daß diese kleinen emphatischen «Gerechtigkeitsfanatiker» eine vermittelnde Rolle einnehmen können, etwas, das in der modernen Gewaltprävention ganzen Schulklassen («Mediation») gelehrt wird. Nutzt man dieses Potential, kann die Intervention eines hochbegabten Kindes auch so aussehen:

«Gerrit kann sehr gut bei Streitereien eingreifen, das Problem erkennen und lösen», erklärte seine Mutter. «Wenn zum Beispiel zwei Kinder am Tisch sitzen und sich um einen Stift streiten und Gerrit dazukommt, reißt er den beiden nicht einfach den Stift aus der Hand, sondern sagt: ‹Guckt mal, hier sind noch mehr Stifte, ihr braucht euch doch jetzt nicht um einen Stift zu streiten, wo es doch noch so viele andere gibt.› So ein bißchen altklug.» Nicht nur die Erzieherinnen, auch die Kinder schätzen Gerrits Verhalten. Und hier liegt wohl der zweite Grund, warum es produktiv für die Gruppe ist: Gerrit ist Gruppenmittelpunkt, ist «Leader», so sehen die anderen Kinder sein Verhalten nicht als Altklug-Sein, sondern als Partei-Ergreifen für ihre Belange an, sie freuen sich, wenn sich Gerrit mit ihnen beschäftigt, auch wenn er es in der Rolle eines Erwachsenen tut.

Gerrit gehört zu den Kindern, deren Hochbegabung sich vor allem im Sozialverhalten und im Führungsverhalten äußert. Die Psychologin Erika Landau geht übrigens davon aus, daß begabte Kinder immer «Leader» sein können, ganz einfach durch ihr Verhalten und ihr Wissen, durch ihr Vorbild-Sein. Voraussetzung sei allerdings soziale Aufgeschlossenheit und daß der IQ des «Leaders» nicht allzuweit über demjenigen der Gruppenmitglieder liege. Ein sehr introvertiertes Kind ist nach Landau demnach kein «Leader», auch wenn es die sozialen Vorgänge genausogut durchschaut wie ein extrovertiertes Kind (vgl. Landau 1990, S. 102–103).

2. Ablehnung von physischer und psychischer Gewalt

Kindergarten- und Schulkinder üben eine Menge Gewalt untereinander aus, psychisch und physisch, das haben sie schon immer getan, und sie scheinen es in steigendem Maße zu tun, wie uns die Me-
dien täglich klarmachen. Viele hochbegabte Kinder lehnen das ab,
insbesondere physische Gewalt ist für sie keine akzeptable Form
der Auseinandersetzung. Vor allem hochbegabte Jungen bringt das
in Schwierigkeiten, gehört doch das Messen der physischen und
psychischen Kräfte zu ihrem «männlichen» Alltag, und zwar selbst
dann, wenn sie nicht selber zu den «Angreifern» gehören.

Christine Paschke fiel die Ablehnung von Gewalt bei ihrem Kind
besonders auf: «Frederick hat nie ein Kind geschlagen. Ich weiß
noch, wie er im Kindergarten das erste Mal selber geschlagen
wurde. Da habe ich ihn gefragt: ‹Warum hast du denn nicht zu-
rückgeschlagen?› Er hat geantwortet: ‹Das ist doch eine Kette
ohne Ende. Denn ich sehe ja, wenn die sich schlagen und einer zu-
rückschlägt, dann geht's ja weiter.›

In der Schule hat sich Frederick den großen Schülern richtig
ausgeliefert gefühlt. Ältere Schüler haben ihn einfach geschlagen,
wenn er ihnen im Weg stand, nur weil sie vorbei wollten. Oder er
hat zum Beispiel Briefe bekommen: ‹An den Professor ...› Die Kinder haben ihn auch in Gruppen bis nach Hause verfolgt und mit
Ausdrücken belegt: ‹Er ist der Professor und kann alles und weiß
alles ...›, weil er gleich wieder zu den Besten gehört hat.»

Frederick wehrt sich nicht und wird damit zur Zielscheibe von Aggression und Neid, und zwar aus zwei Gründen:
* weil in fast jeder Gruppe die Rollen verteilt werden und es immer einen Schwächsten gibt, an dem sich viele abreagieren;
* weil der Konkurrenzkampf in der Schule diese Rollenverteilung
  beeinflußt. Wird in einer stark konkurrenten Klasse bekannt,
  daß ein Schüler hochbegabt ist, kann dieser – vor allem wenn er
  sich sowieso nicht wehrt – zum Prügelknaben werden.

Dann kann passieren, wovor sich viele Eltern fürchten: Das Kind wehrt sich aus Hilflosigkeit damit, mit seiner Begabung zu prahlen. «Martin hat zuerst, als andere ihn geneckt haben, geschlagen und geheult und war laut. Und jetzt sagt er, wenn andere sagen: ‹Ach, du bist ja doof!›, ‹Nein, ich bin intelligent!› Das hilft niemandem.» Damit gilt Martin nicht nur als schwach, sondern auch als arrogant, was seine Position noch mehr schwächt.

3. Perfektionismus

Was sie anfangen, das wollen sie auch richtig machen, und zwar nach ihren eigenen Vorstellungen, ohne Anstrengung und ohne Üben. So ungefähr gehen hochbegabte Kinder an Aufgaben heran. Denn sie sind gewöhnt, daß ihnen alles leichtfällt, sie hassen Routine, und sie wollen sich nicht helfen lassen:

«Wehe dem, es ist ihr ein Fehler unterlaufen», erzählt die Mutter der fünfjährigen Sarah dazu, «das war das größte Unglück. Wenn sie zum Beispiel beim Kuchenbacken was verschüttet hatte. Sie hat oft gesagt: ‹Mami, es ist doch Wochenende, ich back jetzt ein Biskuit!› Sie wußte ganz genau, daß zuerst der Zucker reinkam und wie die Eier geteilt werden müssen. Sie hat den Ablauf gekannt, und dann hat sie das als eine Unverschämtheit empfunden, wenn man eingegriffen hat. Das gab den größten Wutausbruch.»

Werden solche perfektionistischen Kinder älter, so kann ihre Erwartungshaltung an sich selbst zum Hindernis werden, wie Sybille Metz bei ihrem Sohn Clemens erfahren hat: «Alle Angebote, die man ihm gemacht hat, hat er abgeblockt, auch in der Grundschulzeit. ‹Möchtest du Tennis spielen? Möchtest du ein Musikinstrument spielen?› Alles, was er trotzdem angefangen hat, hat er schnell wieder gelassen. Heute denk ich, die Erklärung lag darin, daß er alles gleich so perfekt machen wollte. Und wenn er dann den geringsten Widerstand spürte oder merkte, was Üben bedeutet, hat er sich immer gleich zurückgezogen.»

Clemens hatte Glück, er kam in die Internationale Schule in Frankfurt (s. a. S. 169ff.), wo sein Klassenlehrer ihm etwas klarmachte: Es ist Clemens' Ehrgeiz, seine Angst, irgend etwas nicht perfekt erledigen zu können, was ihn davon abhält, Dinge anzufangen und weiterzuführen. Vor allem das lehrte er Clemens dann: Man muß nicht immer hundertprozentig sein! Das gelingt einem einfühlsamen Pädagogen übrigens oft besser als den Eltern ...

Gleichaltrige und Freunde

Ob Krabbelgruppe, Kindergarten, Schule oder Sportverein: Eltern stellen immer wieder fest, daß ihre hochbegabten Kinder vor allem mit älteren Kindern spielen – wenn diese sie lassen. Denn das, womit die hochbegabten Kleinen sich beschäftigen, entspricht dem Entwicklungsstand der älteren Kinder: «Martin hat mit dreieinhalb und vier gerne Brettspiele gespielt. Er hat z. B. Monopoly Junior und das verrückte Labyrinth geliebt. Aber dafür hat er keine Gleichaltrigen gefunden, diese Spiele konnte er nur mit Kindern spielen, die ein paar Jahre älter waren als er. Das fand er klasse.»

Für diese Spiele muß man die Zahlen kennen, auf dem Würfel und auf dem Papier, man muß ein bißchen rechnen und strategisch denken können, und das beherrschen die meisten Kinder im Vorschulalter noch nicht.

Diese Erfahrung, die Spielwelten nicht mit den Gleichaltrigen teilen zu können, läßt manche hochbegabten Kinder resignieren, so auch den mittlerweile achtjährigen Martin Peetz: «Und wenn jetzt mal Kinder kommen und ein Brettspiel spielen wollen, dann findet er das immer noch klasse, aber er stößt das nicht mehr von sich aus an. Denn er hat ja feststellen müssen, daß das nicht auf Resonanz trifft.»

Schwierigkeiten beim Finden von Freunden können sich auch ergeben, wenn die hochbegabten Kinder ausgefallene Hobbys haben, sich mit nicht altersgemäßen intellektuellen Dingen beschäftigen oder sich zwar mit Altersgemäßem, aber auf sehr hohem Niveau beschäftigen. Der neunjährige Niklas z. B. stößt mit seinem Interesse an klassischer Musik bei Gleichaltrigen nur auf Unverständnis: «Niklas war mit in der Oper, das fand er ganz toll. Und jetzt hört er Zar und Zimmermann, Die Zauberflöte, Die Entführung aus dem Serail oft sogar nebenbei. Wenn Freunde da sind, meint Niklas, er würde ihnen etwas Tolles bieten, wenn er diese Musik anstellt und erzählt und erklärt. Und die gucken ihn dann an und wissen gar nicht, wovon er redet.»

Das Bedürfnis nach Freundschaften

Hochbegabte Kinder haben genau wie alle anderen Kinder ein Bedürfnis nach Kontakt zu anderen, nach Freundschaften. Und viele finden auch nach einiger Zeit im Kindergarten, in der Schule oder in einem Verein andere Kinder, die sie mögen oder mit denen sie ein Interesse teilen. Im Unterschied zu den meisten Kindern sind einige Hochbegabte aber oft mit einem Freund oder einer Freundin zufrieden, und zwar dann, wenn diese Beziehung sehr intensiv ist. Das verstehen vor allem jüngere Kinder nicht immer.

Im günstigsten Fall lernt ein hochbegabtes Kind ein anderes kennen, das ähnliche Begabungen und Interessen hat wie es selber. Viele Eltern erzählen, daß in diesem Moment für das Kind die Isolation zumindest zeitweise aufhörte. Leider ist die Wahrscheinlichkeit, daß sich hochbegabte Kinder treffen, nicht sehr groß. D.h.

die Eltern müssen versuchen, ihren hochbegabten Sohn oder ihre Tochter mit anderen Kindern zusammenzubringen, mit denen Spielen oder ein Austausch möglich ist.

Lernen durch Sich-Messen mit Gleichen

Es gibt noch einen weiteren Grund, warum auch hochbegabte Kinder Kontakt und Austausch mit möglichst gleichaltrigen und ähnlich befähigten Kindern brauchen: Sie lernen über das Sich-Messen, Sich-Vergleichen, wo ihre Stärken liegen und daß nicht alle zur gleichen Zeit alles gleich gut können. Gelingt den Hochbegabten die Integration in die Gruppe nicht oder haben sie immer nur Kinder um sich, die auf einer anderen Entwicklungsstufe liegen, so fehlt ihnen das wichtige Sich-Vergleichen, diese Rückmeldung über das eigene Ich. Folge ist, daß solchermaßen isolierte hochbegabte Kinder sich im Umgang mit anderen nicht richtig einschätzen können, was den Kontakt zu anderen und damit ihre persönliche Entwicklung zusätzlich erschwert.

Wie können hochbegabte Kinder Spielkameraden finden?

1. Wenn ein hochbegabtes Kind Sympathie für ein anderes Kind bekundet, das vielleicht älter ist, so sollten Eltern versuchen, diesen Kontakt zu unterstützen. Vielleicht reagieren die Eltern des älteren Kindes erstaunt über die Freundschaft ihres Sohnes oder ihrer Tochter – dann erklären Sie, daß Ihr Kind häufig mit anderen spielt, die älter sind.
2. Sind die Kinder alt genug, in einen Verein einzutreten, so können sie über ihr Interesse an einer Sportart, am Schachspiel, am Computerspiel etc. andere kennenlernen, mit denen

sie etwas teilen. Hier können Kinder dann auch mit Älteren oder Jüngeren spielen, ohne daß das auf Unverständnis stößt.

3. Eltern können versuchen, über die Elternselbsthilfevereine (Adressen s. S. 181) andere Eltern mit Kindern im ähnlichen Alter oder mit ähnlichen Interessen in der Nähe ihres Wohnortes zu finden. Da hochbegabte Kinder häufig sehr ausgefallene Interessen haben, ist das manchmal nicht so einfach. Auch hochbegabte Kinder im gleichen Alter müssen nicht unbedingt etwas miteinander anfangen können, denn zum einen sind sie häufig schon verunsichert, wenn es um Kontakte geht bzw. sie sind schlichtweg eigenbrötlerisch, und zum anderen gehört ganz einfach Sympathie dazu. Daß hierbei elterliche Mobilität gefragt ist, versteht sich von alleine.

4. Eine weitere Möglichkeit ist, eine Anzeige in einer Tageszeitung aufzugeben und Spielkameraden für ein hochbegabtes Kind zu suchen – wobei Eltern hier vermeiden sollten, das Wort «hochbegabt» zu verwenden. Am besten suchen sie jemanden für ihr Kind, der ein bestimmtes Interesse teilt. Auch hier gilt die Einschränkung: ohne Sympathie und Aufgeschlossenheit geht nichts. Und natürlich brauchen die Kinder Eltern, die bereit sind, sie regelmäßig eventuell längere Strecken zu kutschieren.

5. Last but not least können Eltern ältere Kinder als «intellektuelle Babysitter» engagieren. Das ist für hochbegabte Jüngere ein Glücksfall, denn diese Kinder sind auf jeden Fall in der Lage, die Spiele, die die Gleichaltrigen vielleicht noch nicht beherrschen, zu spielen. «Intellektuelle Babysitter» sind auch für ganz bestimmte Hobbys gut geeignet, ein Fünfjähriger, der z. B. gerne Lego-Technik spielt, ist glücklich, wenn ein Fünfzehnjähriger das mit ihm macht – ein Gleichaltriger wäre damit überfordert. Solche Babysitter zu finden ist übrigens nicht schwierig. Es gibt viele Mädchen ab dem

Alter von etwa zehn Jahren, die gerne solche Betreuungsdienste übernehmen, bei älteren Jungen gestaltet sich die Suche leider schwieriger.

Schwierigkeiten, sich in Gruppen einzuordnen

Viele hochbegabte Kinder haben Schwierigkeiten, sich in Gruppen einzuordnen, und zwar schon sehr früh. Sie machen in der Krabbelgruppe keine Finger- oder Kreisspiele mit, sie verweigern beim Kinderturnen oder bei Gruppenspielen die Teilnahme. Marie Schneider hat all das erlebt, der letzte Versuch für eine Gruppenaktivität – ihre Tochter in der musikalischen Früherziehung anzumelden – endete so:

«Wir saßen in der Schnupperstunde auf dem Fußboden, und die anderen Kinder machten begeistert mit beim Singen und Hüpfen. Und mitten in eine Pause hinein fragte meine Tochter. ‹Mami, wann fangen wir denn endlich an?› Alle anderen schauten uns entgeistert an.»

Die Psychologin Dr. Aiga Stapf erklärt diese Unfähigkeit, sich in eine Gruppe einordnen zu können, als ein «Nicht-einordnen-Wollen». Denn die Kinder spüren, daß ihre Interessen, ihre Fähigkeiten und ihr Entwicklungsstand nicht auf dem Level der Gruppe sind. Gleichzeitig werden sie von den anderen aufgrund ihrer herausragenden Leistungen und Interessen abgelehnt, was die Integration in die Gruppe von der anderen Seite her unmöglich macht.

Für Eltern ist dieses Nicht-Anpassen unangenehm, und zwar in zweierlei Weise: Erstens wissen sie dann, wenn das Nicht-Anpassen beginnt, häufig noch nicht, warum ihr Kind sich so verhält. Sie stellen nur fest, daß ihr Kind nicht mitmacht, daß es unsozial, individualistisch, egozentrisch, einzelgängerisch, eigenbrötlerisch ist, je nachdem, wie sie selber oder andere das Verhalten bezeichnen. Negativ besetzt ist jede dieser Eigenschaften. Und das ist der zweite Grund, warum Eltern das Tun ihres Kindes nicht akzeptieren können: Unsere Gesellschaft erwartet soziales Verhalten, erwartet Anpassung; Kindergarten, Schule und Arbeitsleben bauen darauf auf, letzteres in zunehmendem Maße.

Wie können Kinder positive Erfahrungen in einer Gruppe machen?

Hochbegabte Kinder brauchen zumindest zeitweise die Erfahrung, mit Gleichbefähigten im gleichen Alter zusammenzukommen. Denn nur dann brauchen sie nicht ihre ganze Energie, um sich anzupassen. Und nur dann fühlen sie sich einmal nicht «anders», sondern empfinden sich als zur Mehrheit gehörig.

Die Möglichkeiten dazu sind:

1. Die Eltern suchen über die Elterngruppen der Elternselbsthilfevereine (Adressen s. S. 181) oder über eine Anzeige hochbegabte Kinder im gleichen Alter und mit gleichen Interessen.
2. Die Kinder nehmen an speziellen Angeboten für Hochbegabte teil. Wir stellen diese ausführlich in Kapitel 12 vor.

Geschwister

Die Geschwister sind für hochbegabte Kinder häufig die einzigen Spielkameraden. Bei ihnen sind sie nicht mehr Außenseiter oder Prügelknabe, bei ihnen müssen sie sich nicht verstellen. Das gilt, ob die Geschwister auch hochbegabt sind oder nicht.

Die Kinder sind sich des Wertes ihrer Geschwister oft auch sehr bewußt, wie am Beispiel der Familie Pfeuffer deutlich wird:

«Die beiden Jungs kommen sehr gut miteinander aus. Sie spielen sehr viel miteinander. Der Große hat sich von Anfang an zum Lehrer des Kleinen gemacht. Er hat auch gesagt: ‹Den erziehe ich mir zum Spielen.› Und das hat er gemacht.»

Gibt es in einer Familie nur ein hochbegabtes Kind, so sind es oft die normal Begabten, die die Familie «auf den Teppich holen», die verhindern, daß sich alles nur noch um die Entwicklung des begabten Kindes dreht.

Die Geschwister sind neidisch

Die Tatsache, daß – normal begabte – Geschwister da sind, kann aber auch Schwierigkeiten mit sich bringen. Denn häufig müssen sich Eltern ja um ein hochbegabtes Kind mehr kümmern, es kann Probleme in der Schule oder im Kindergarten haben, mehr Aufmerksamkeit für seine Bedürfnisse und Interessen einfordern – und, weil die Eltern stolz auf es sind, «einen herausgehobenen Status» innerhalb der familiären Beziehungen zugewiesen» bekommen (Tettenborn-Nebling 1993, S. 42).

Die natürliche und nicht abwendbare Folge ist Eifersucht auf das «gehätschelte» Geschwister, die sich oft lange hält. Nur ungern denkt Inge Weidner noch an die Schuljahre ihrer heute 20jährigen Tochter Sabine zurück: «Die Schulsituation war für unsere jüngere Tochter sehr frustrierend. Sie fiel aber in der Schule nicht auf, weil sie versucht hat, sich anzupassen. Dafür wurde sie zu Hause immer aggressiver, gegen mich und vor allem gegen ihre Schwester Claudia. Dadurch war unsere ganze Familiensituation über Jahre völlig unharmonisch, es gab viele Spannungen und Streit – auch unter den Erwachsenen – deswegen. Claudia hatte dann als Jugendliche so eine richtige Eltern-Haß-Phase, weil sie dachte: ‹Um die kleine Schwester Sabine wird so ein Aufwand getrieben, obwohl die doch zu Hause immer so eklig ist, und mich beachtet keiner.›»

Warum darf nur der Große etwas lernen?

Jüngere Geschwister hochbegabter Kinder ärgert manchmal auch folgende paradoxe Situation: Wenn Eltern erfahren mußten, daß eines ihrer Kinder aufgrund seines Wissensvorsprungs Probleme im Kindergarten oder in der Schule hat, so versuchen sie, den kleineren Geschwisterkindern alles Schulische fernzuhalten – auch wenn diese danach verlangen. Denn die Eltern befürchten eine Wiederholung der schwierigen Kindergarten- oder Schulsituation. Dieses Unterdrücken intellektueller Bedürfnisse, die die Eltern bei dem Geschwisterkind noch erfüllt haben, führt natürlich auch zu Eifersucht. Marianne Teubner beschreibt solch eine Situation:

«Marion hat sich mit zweieinhalb einen LÜK-Kasten regelrecht erschrien. Ihr Bruder hatte nämlich einen, und sie wollte auch einen. Das dauerte zwei ganze Wochen. Und mit dreieinhalb hat sie sich ein Buchstabenspiel erkämpft. Ihr Bruder konnte das Abc, also bestand sie darauf, es auch zu lernen. Eigentlich wollten wir ihr das alles nicht beibringen, aber Marion hat eben so lange rumgebrüllt, bis wir es nicht mehr ausgehalten haben und sie bekam, was sie wollte.»

Die Geschwister werden zum Katalysator

Dazu kommt noch, daß die Geschwister fast immer als Katalysator für die Probleme der hochbegabten Geschwister dienen, selbst denn, wenn sie ein sehr gutes Verhältnis haben, wie die Mutter des achtjährigen Martin berichtet: «Wenn er in der Schule frustriert ist, dann läßt er das auch seine Schwester spüren. Wenn er von oben Druck kriegt, dann gibt er den unmittelbar an seine Schwester weiter.»

Das ist zwar ein normales Geschwisterverhalten, aber der Druck von außen wird so zu einer enormen Belastung des Familienlebens.

D. h. die Eltern können zwar versuchen, die Eifersucht zu verhindern, indem sie sich z. B. mehr um die individuellen Bedürfnisse jedes einzelnen Kindes kümmern. Doch das verhindert die Entstehung von Eifersucht nur dann, wenn die Eltern auch versuchen, die Schulverhältnisse des Kindes zu ändern, das sich unter Druck fühlt.

Hochbegabte Mädchen und Jungen sind nicht gleich

Es gibt nur wenige wissenschaftliche Untersuchungen zu den Geschlechtsunterschieden bei hochbegabten Jungen und Mädchen. Die Tübinger Psychologin Dr. Aiga Stapf hat bei ihren Forschungen folgendes herausgefunden:

1. Es gibt genauso viele hochbegabte Jungen wie Mädchen. Mädchen haben allerdings meist ein geringeres Selbstvertrauen in ihre eigene Leistungsfähigkeit.
2. Jungen und Mädchen verhalten sich weniger geschlechtsrollenkonform als normal begabte Kinder. Jüngere hochbegabte Jungen spielen gleich gern mit Mädchen und Jungen, hochbegabte Mädchen spielen lieber mit Jungen, weil sie sich nicht nur für typische Mädchenspiele interessieren. Dies deckt sich leider nicht mit der Realität in Kindergärten und Schulen, wo meist die Jungen miteinander und die Mädchen miteinander spielen.
3. Jungen und Mädchen zeigen ihre Hochbegabung anders. Jungen haben häufig sehr ausgeprägte Interessen, oft im naturwissenschaftlichen Bereich. Die Hochbegabung der Mädchen hingegen äußert sich oft nicht spezifisch oder zeigt sich eher in weniger auffälligen Tätigkeiten, wie z. B. Malen, Lesen oder Interesse an der Natur.
4. Auf die Unterforderung in Kindergarten und Schule reagie-

ren Jungen häufig mit störendem Verhalten, mit Clownerien etc., also mit offenem Protest. Bei den meisten Mädchen hingegen sind Lustlosigkeit und depressive Verstimmung zu beobachten, sie gehen sozusagen in die «innere Emigration» («Schneckenhausphänomen») und entwickeln psychosomatische Beschwerden sowie Kopf- und Bauchschmerzen. So sind auch zwei Drittel der Kinder, deren Eltern Rat wegen Hochbegabung suchen, Jungen. Das bedeutet letztendlich, daß weniger Mädchen erkannt werden.

5. Jungen sind eher zielorientiert, Mädchen eher an den Bedürfnissen anderer orientiert, das trifft auch für hochbegabte Kinder zu. Für hochbegabte Mädchen – die sowieso einen Entwicklungsvorsprung vor den Jungen haben – heißt das, daß sie sich noch stärker als Jungen (nach unten) an die Leistungen und Interessen der anderen Kinder in Kindergarten und Schule anpassen. Da sich diese Anpassung meist in der Pubertät, in der Berufs- und Partnerwahl fortsetzt, ist es für hochbegabte Mädchen wichtig, erkannt zu werden.

(Vgl. Stapf 1996, S. 3–7)

Was heißt das für Eltern hochbegabter Mädchen?

Die Eltern hochbegabter Mädchen haben seltener unter der Aggressivität oder den Machtkämpfen eines hochbegabten unterforderten Kindes zu leiden als Eltern hochbegabter Jungen. Familie Ausländer mit drei hochbegabten Mädchen kann diese Aussage nur unterstützen, sie führt ein vollständig normales Familienleben, die Mädchen beschäftigen sich viel mit sich selber – auch wenn es zweien nicht ganz so leichtfällt, Freunde zu finden. Das kann in der Pubertät zum Problem werden, denn Mädchen fällt es aufgrund ihrer sozialen Orientierung schwerer, mit Isolation zurechtzukommen.

Die angepaßten hochbegabten Mädchen haben noch einen Nachteil im Vergleich zu hochbegabten Jungen: Ihre Interessen sind häufig nicht so eindeutig und nicht so gut erkennbar wie die von Jungen, mit der Folge, daß man sie weniger gut unterstützen kann. Die Väter sollten wissen: Hochbegabte Mädchen mit naturwissenschaftlichen Neigungen sind von der Unterstützung ihrer Väter abhängig. Gehen die Leistungserwartungen der Väter in eine andere Richtung, so beeinflußt das sowohl das Selbstwertgefühl als auch ihre Erwartungen an sich selber negativ. Erfahren die Mädchen hingegen Hilfe ihrer Väter, so können sie sehr hohe Leistungen erbringen.

Aggressionen, Autoaggressionen, psychosomatische Krankheiten, Depressionen

Der Anpassungsdruck, dem hochbegabte Kinder in Kindergarten und Schule ausgesetzt sind, die Isolation, die sie so schmerzlich spüren, die Langeweile, die auch die engagiertesten Eltern nicht immer verhindern können, die asynchrone Entwicklung, die zu einem Ungleichgewicht zwischen intellektuellem Wollen und körperlichem Können (Fein- und Grobmotorik) führt – all das läßt viele hochbegabte Kinder innerlich und äußerlich nicht zur Ruhe kommen.

Aggressionen

Einige hochbegabte Kinder entwickeln Aggressionen, die sich in erster Linie gegen Eltern und Geschwister richten. Das kann bereits im ersten Lebensjahr anfangen, wenn die Kinder unausgelastet sind. Es kann sich im Kratzen, Hauen, Beißen der Geschwister äußern oder in eher verbalem Terror. Beate Rühl, Mutter von vier Kindern, schildert das sehr plastisch: «Wenn meine Kinder Kontakt suchen, dann kann man sie nicht einfach abspeisen, so wie andere das können. Und wenn sie geistige Nahrung brauchen, dann gehen sie mir gewaltig auf die Nerven. Da nehmen sie auch keine Rücksicht, ob da gerade 15 Körbe Wäsche rumstehen oder wir abends weggehen wollen. Dann stehen sie einfach da, und dann muß ich mich kümmern. Kevin ist in dieser Richtung extrem, er wird zornig, knallt die Türen, trampelt die Treppe hoch. Er flippt richtig aus.»

Eine weitere Form der Aggression ist Trotz, auch bei Kindern, die eigentlich aus dem Trotzalter heraus sind. Mit einem trotzenden Kind wird der Alltag zum Dauerkampf. Aggressives Verhalten legen vor allem Jungen und extrovertierte Mädchen an den Tag.

Autoaggressionen, psychosomatische Krankheiten, Depressionen

Wenn Kinder ihre Frustrationen nicht nach außen, sondern nach innen richten, äußert sich das in:
- Autoaggressionen, das sind Nägelkauen, Haareabreißen u. ä.;
- psychosomatischen Krankheiten, dazu gehören Übelkeit, Kopfschmerzen, Bauchschmerzen usw.;
- Depressionen, also extremen Zuständen von Traurigkeit, Zurückgezogenheit, Selbstmordgedanken.

Autoaggressionen, psychosomatische Krankheiten und Depressionen (außer sie haben neurologische Ursachen) beginnen meist noch nicht im Kleinkindalter, sondern erst dann, wenn die Kinder in Kontakt mit Institutionen kommen. Das betrifft vor allem die Mädchen und die introvertierten Jungen.

So können Eltern ihren Kindern helfen

Streßmanagement lehren

Die amerikanischen Psychologen Webb, Mackstroth und Tolan weisen auf einen wichtigen Punkt in der Erziehung hochbegabter Kinder hin (vgl. 1985, S. 103–111): Je höher der IQ eines Kindes und je größer der Unterschied zu seiner Umgebung, so ihre Aussage, desto mehr stehe ein Kind unter psychischem Druck und desto fremder fühle es sich – das führe zu Streß. Und um diesen zu bewältigen, müssen Eltern und andere Miterzieher ihre Kinder Streßmanagement und Frustrationstoleranz lehren. Denn damit, so die Psychologen weiter, lernen hochbegabte Kinder ihre eigenen persönlichen Prioritäten und Wertorientierungen kennen, die, kombiniert mit Streßmanagement, ihre Fähigkeiten festigt, «mit sich selbst in unserer Welt der extensiven Alternativen klarzukommen» (Webb/Tolan/Meckstroth 1985, S. 111).

Sie schlagen u. a. folgende Methoden des Streßmanagements vor:

- keine negativen Selbstgespräche führen, d. h. das eigene Verhalten nicht negativ, mit der Vorgabe des Perfektionismus, betrachten; fragen, wer bzw. wessen Erwartungshaltung ein Problem verursacht;
- das offene Sprechen über Probleme, auch wenn es dem Kind widerstrebt;
- Entscheidungsfindungstechniken lehren, dazu gehört die Gewichtung der Probleme und die Auflistung aller Lösungen;
- Fehlschläge als Etappen auf dem Weg zum Gelingen sehen; Problemsituationen als kreative Chance nutzen; die Schuld nicht bei anderen suchen;
- sich Problemsituationen nicht hingeben; untergliederndes Denken lernen, d. h. erkennen, daß nicht das ganze Leben von Kummer in einem Bereich betroffen sein muß; quälende Gedanken und ärgerliche Situationen manchmal wenn möglich bewußt ignorieren;
- Sofortberuhigungstechniken lernen, Meditation, Entspannung, Yoga, «HALT»-Technik;
- Spannungssituationen mit Humor angehen, d. h. versuchen, über sich selbst und seine Lage zu lachen; Aufgeschlossenheit und Verständnis für andere zeigen.

Wir können Ihnen diese Methoden hier nicht ausführlich vorstellen, wir möchten Ihnen nur zeigen, auf wie viele verschiedene Arten und Weisen man Kinder Streßmanagement lehren kann. Manches davon läßt sich in der Familie machen, für anderes brauchen Sie einen Kurs an der Volkshochschule oder auch eine Therapie bei einem Psychologen.

Eine emotionale Basis für das Kind schaffen

Hochbegabte Kinder brauchen aufgrund ihres Anders-Seins und der dadurch bedingten ungewollten Distanz zu anderen eine stabile emotionale Basis, d. h. in erster Linie Eltern, die sie akzeptieren, die sie lieben, und zwar gänzlich unabhängig davon, was sie leisten. Die Mutter eines heute 20jährigen hochbegabten Mädchens berichtet, daß ihrer Tochter das bereits mit 13 Jahren sehr bewußt wurde: «Die Familie geht über alles. Sie hat ihre sichere Basis hier. Sie denkt: ‹Den Rest draußen krieg ich schon irgendwie hin!›»

Hilfe für die Eltern

Der Diplompädagoge Norbert Anton von der Deutschen Gesellschaft für das hochbegabte Kind rät:
«Nehmen Sie die Depressionen ihres Kindes ernst. Akzeptieren Sie seine Probleme. Sprechen Sie vertrauensvoll mit ihm darüber. Aber: Lassen Sie sich nicht zur Zielscheibe seiner Aggressionen machen!»
Wenn Sie dabei nicht allein weiterkommen: Suchen Sie sich Hilfe in einer Familiengruppe der Elternselbsthilfeverbände (Adressen s. S. 181) oder bei einem Psychologen!

Kapitel 5

Spielen und Hobbys

«Mehr, mehr!» ruft der kleine Häwelmann, und nach diesem Prinzip scheinen auch viele hochbegabte Kinder zu spielen:

«Gerrit wollte immer mehr. Er hat z. B. überall probiert rauszuklettern. Oder wir mußten beim Spazierengehen sofort weiterlaufen, irgendwo stehenzubleiben, wo ja nichts Neues mehr auf ihn zukam, das ging nicht. Als er mit einem guten halben Jahr richtig krabbeln konnte, hat er bei der Oma alle Schränke ausgeräumt. Man konnte ihn nicht mit vier, fünf Spielsachen in eine Ecke setzen, selbst wenn man sich dazugesetzt hat. Er hat einen Moment gespielt, dann gemerkt, daß ihm diese Wohnung noch mehr Möglichkeiten bietet, und dann wollte er die ausschöpfen.»

Dieser Hunger nach mehr, diese Lust auf Neues, häufig nicht Altersgemäßes und manchmal Absonderliches bleibt erhalten. Bei kleineren Kindern bedeutet das für die Eltern, daß sie suchen müssen, nach dem richtigen Spielzeug und nach Dingen, die sie bezahlen können. Viele nutzen die Angebote der Bibliotheken und zahlreicher Basare, um sich mit neuen Dingen einzudecken.

Bei älteren Kindern verlagern sich die Aktivitäten mehr außer Haus, die Kinder möchten Kurse und Vereine besuchen, Familie Sendelbach, mit einem Kind, gelingt das noch: «Aber ich muß dazu sagen, diese Hobbys sind nicht billig: Ruderclub, Musikschule, Mineralogie, Sternwarte, man muß ja überall Mitglied sein, dann müssen wir ein Teleskop kaufen, jetzt dies, jetzt das ...»

Familie Rühl mit vier Kindern hingegen muß passen, sie kann nicht jedem Kind mehrere Hobbys finanzieren: «Die Älteste hat jetzt mit Geigen angefangen, der Unterricht kostet 57 DM pro Monat für eine dreiviertel Stunde Unterricht pro Woche. Die Geige allein kostet 28 Mark monatlich. Nur – wenn man ein Kind hat, das musikalisch begabt ist, und man soll dann eine Geige kaufen. Unter 1000 DM kriegt man keine gute Geige … Und wenn ich dann an Sprach- oder Mathematikkurse denke, die angeboten werden, das kostet alles Geld. Es soll ja auch das normale Familienleben noch stattfinden, wir wollen in den Urlaub fahren, die Kinder brauchen Kleider, sie brauchen in der Schule eine Menge Geld für Schulbücher, Ausflüge und Klassenfahrten. Wenn dann noch solche Extras dazukommen … das müssen wir schon genau überlegen.»

Was Eltern wissen sollten

Akzeptieren Sie den Wunsch Ihres Kindes, sich mit Buchstaben, Zahlen und eventuell ausgefallenen Dingen zu beschäftigen! Viele Eltern berichten, daß von dem Moment an, in dem die Eltern das Interesse an Buchstaben, Zahlen und ähnlichem nicht unterdrückt, sondern zumindest zeitweise unterstützt haben und sich die Kinder damit beschäftigen durften, auch andere Dinge wieder interessant wurden.

Eines müssen Sie aber dabei berücksichtigen: Je früher und intensiver Ihr Kind das lernt, was auf dem Lehrplan der Schule steht, desto mehr wird es sich in der Schule langweilen. Falls Sie Ihr Kind früh Lesen, Schreiben und Rechnen lernen lassen, dann kommen Sie vermutlich nicht umhin, sich für eine frühe Einschulung einzusetzen (s. a. S. 110ff.).

Wir raten Ihnen auch, als Ausgleich zu den «Kopf»-Interessen möglichst noch andere Beschäftigungen für Ihr Kind zu finden.

Auf eine wissenschaftliche Erkenntnis möchten wir Sie noch hinweisen: Die Marburger Psychologen Detlef H. Rost und Petra Hanses haben herausgefunden, daß hochbegabte Kinder «jungentypisches Spielzeug weniger häufig nutzen als die durchschnittlich begabten Vergleichskinder» (Göttingen 1993, S. 230), dazu gehören u. a. Spielfiguren, Spielzeuge zum Aufstellen und Modelleisenbahnen (ebd.).

Spielzeug- und Spiele-Hitliste

Die für dieses Buch befragten Eltern haben folgende Dinge genannt, mit denen ihre Kinder sich am liebsten beschäftigen und spielen:

Malen und Basteln

Viele hochbegabte Kinder gehen gern kreativ mit verschiedenen Materialien um. Während einige höchst ungern das malen oder basteln, was andere ihnen vorgeben, erfüllen andere ausgesprochen lustvoll Mal- und Bastelanleitungen.

Auf jeden Fall empfiehlt es sich, sobald die Kinder damit vernünftig umgehen können, Bastel- und Malmaterialien frei zugänglich anzubieten.

Kneten

Kneten ist ein guter Ausgleich für die vielen intellektuellen Dinge, die jüngere hochbegabte Kinder interessieren. Die Kinder scheinen das selber zu wissen, denn viele von ihnen kneten ausgespro-

chen gern und ausdauernd. Verlangen sie es nicht von sich aus, so sollten Eltern Knetmaterial anbieten.

Für die Älteren bieten sich Arbeiten mit Ton oder Modelliermasse an – wenn die Kinder möchten.

Bauen, Werken

Der absolute Favorit sind Duplo, Lego, Lego-Technik, Anker-Bausteine, gefolgt bei den Jungen von den Kosmos-Kästen, wobei sich die Kinder hier unterscheiden: Die einen haben hier nur ein Ziel, nämlich die Bauanleitung perfekt nachzuvollziehen, während die anderen nur nach ihren eigenen Vorstellungen bauen wollen.

Puzzle

Puzzle, Puzzle, Puzzle, damit fangen schon die Zweijährigen an, manche Dreijährige legen geschickt 300 Teile zusammen. Aber: Wie beim Bauen gibt es auch diejenigen, die nicht nur Bilder- bzw. Bauanleitungen ausführen wollen und deshalb gar nicht gerne puzzeln.

Lernspiele

Das bekannteste Lernspiel ist der LÜK des Westermann Verlages (in jeder Buchhandlung erhältlich), der auch in der Grundschule in vielen Fächern eingesetzt wird. Dieses Spiel besteht aus einem Zahlenkasten (in zwei Größen) und einem Übungsheft, mit beidem zusammen können Kinder sortieren, zuordnen, Buchstaben, Zahlen oder auch Fachwissen lernen. Vor allem kleinere hochbegabte Kinder lieben «ihren LÜK» sehr.

In den letzten Jahren wurden eine ganze Reihe ähnlicher Lernspiele unter dem Motto «Kinder fördern» für Vorschul- und Schulkinder auf den Markt gebracht. Sie können in Spielzeuggeschäften danach fragen oder sie über die Eltern- bzw. Kindergartenversender bestellen (Adressen s. S. 186).

Ein Tip: Der Klett Verlag hat in Zusammenarbeit mit der DGhK eine Broschüre erstellt, die Bücher, Software und Spiele dieses Verlages präsentiert, die für «besonders neugierige Schülerinnen und Schüler» geeignet sind (erhältlich bei der DGhK, Adresse s. S. 181) oder dem Ernst Klett Verlag (Adresse s. S. 186).

Gesellschaftsspiele

«Das verrückte Labyrinth», «Monopoly Junior», «Scrabble», «Spiel des Lebens», Schach, Kartenspiele wie Patiencen, Rommée und Canasta (für kleine Hände einen Kartenständer basteln!), nannten viele Eltern von Kindergarten-, Vorschul- und jüngeren Grundschulkindern, auch wenn einige Spiele nicht für dieses Alter empfohlen werden. Viel Spaß bereitet es den Kindern, die Spielregeln abzuändern, um die Spiele komplizierter zu machen.

Für die Älteren empfehlen sich Denk-, Knobel- und Strategiespiele. Reine Glücksspiele werden oft als langweilig abgelehnt.

Ergebnis eines Spieleseminars der DGhK

Wir möchten darüber hinaus noch mehr konkrete Vorschläge machen und dafür eine Empfehlungsliste zitieren, die in einem von Barbara Metzdorf veranstalteten DGhK-Spielekurs für Kinder von sieben bis zwölf Jahren aufgrund von Notenbewertungen erstellt wurde:

Avalanche	Hol's der Geier	Hase und Igel	Missisippi
4 gewinnt	Scotland Yard	Elfer raus	Sauerbaum
Verhext	Verrückte Reime	Isola	Ayalu
Mah Yong	Sogo	Schlaukopf	Boggel
Reversi	Das verrückte Labyrinth	Cluedo	Superhirn

(vgl. Lieblingsspiel, Mai 1990, S. 4)

Buchstaben und Zahlen

Hochbegabte Kinder wollen schon sehr früh die Buchstaben und Zahlen lernen. Eine gute Möglichkeit dafür ist, ihnen einen Stempelkasten, eine alte Schreibmaschine oder einen Computer zur Verfügung zu stellen. Denn dann können sie Ziffern und Buchsta-

ben wenigstens drucken oder tippen, wenn sie feinmotorisch noch nicht in der Lage sind, sie zu schreiben. Ansonsten gibt es für Kinder einige qualitativ hochwertige Spiele zum Buchstaben- und Zahlenlernen, meistens für Kinder ab 5, aber für hochbegabte Kinder schon früher zu verwenden. Hier einige Vorschläge:

LÜK, mini Version, «Ich lerne lesen», «Ich lerne rechnen», Westermann Verlag,

«ABC-Spiel», «Erstes Zählen», Ravensburger Verlag,

«Mein erstes Buchstabenspiel», «Mein erstes Zahlen-Spiel», Schmid Verlag

CD-ROMs: «Die Zahlenstadt», «Bauer Bonks Buchstabenhof», Ravensburger Verlag.

Wie schon an mehreren Stellen erwähnt, sollten Sie die Folgen des frühen Lesen- und Schreibenlernens für den Schulbesuch Ihres Kindes mitbedenken (s. S. 80 und S. 110ff.).

Lesen, Kassette-Hören, Fernsehen

Fast alle hochbegabten Kinder lassen sich sehr gern vorlesen, und zwar schon sehr früh und sehr lange. So ist ein einjähriges Kind durchaus in der Lage, eine Stunde oder vielleicht sogar länger Bilderbücher anzuschauen und sich sogar Text anzuhören. Manche Kinder möchten in diesem Alter allerdings nur darüber sprechen, was sie sehen, und keiner Geschichte lauschen. Ab etwa drei Jahren hängt die Vorlesedauer dann weitgehend davon ab, wie lange die Erwachsenen durchhalten, für die Kinder ist eine Stunde Zuhören kein Problem.

Ab dem Kindergartenalter können solche «Lesehungrigen» dann auch Kassetten hören, was das Vorlesen allerdings nicht ersetzt, denn mit einer elektronischen Stimme kann man nicht kuscheln, nicht mit ihr reden und nicht bei ihr nachfragen.

Für das Fernsehen gilt: Die Eltern sollten Zeiten und Sendungen aushandeln, es aber nicht verbieten. Auffällig ist das Interesse der hochbegabten Kinder an Sendungen zu Sachthemen. Qualitativ hochwertige Kassetten können Sie über die Einkaufszentrale für öffentliche Bibliotheken (ekz) beziehen (auch als Privatkunde, Adresse s. S. 186).

Computer

Damit fangen schon die Zweijährigen an, wenn man sie läßt – um mit der Maus zu spielen, um Buchstaben und Zahlen zu lernen oder um Computerspiele zu machen. Eltern brauchen übrigens keine Angst zu haben, ihre Kinder säßen nun stundenlang davor. Meistens hören sie im Vorschulalter von alleine nach etwa einer halben Stunde auf, wenn nicht, sollten Sie «Benutzungszeiten» festlegen.

Empfehlenswert sind in diesem Zusammenhang zwei Bücher

von Thomas Feibel: «Multimedia für Kids» (rororo 60423), das alle Fragen rund um den Computer beantwortet, und der «Kindersoftwareratgeber» (Verlag Markt & Technik), der, alljährlich aktualisiert, etwa 350 Edutainment-Titel vorstellt.

Für sehr computerbegeisterte Kinder können Sie einen Computerkurs in Erwägung ziehen. Diese werden mittlerweile an vielen Orten angeboten, manchmal schon für Kinder ab vier Jahren.

Ausflüge

Museen aller Art sind spannend für hochbegabte Kinder, insbesondere natürlich diejenigen, die den Interessen der Kinder entsprechen. Sehr begehrt sind:

- Kinder-Museum, Fulda (für Museums-Anfänger) und in anderen Städten
- Senckenberg-Museum, Frankfurt (für Dino-Fans)
- Landesmuseum, Mannheim (für Technik-Fans)
- Deutsches Museum, München (für Technik- und Naturwissenschafts-Fans)

Solche Museen – wenn auch vielleicht nicht ganz so groß, aber mit ähnlichen Schwerpunkten – gibt es in fast allen Großstädten und auch in einigen kleineren Städten.

Typische Hobbys

Viele hochbegabte Kinder haben nicht nur eines, sondern eine ganze Reihe von Hobbys, denn dabei können sie weitgehend uneingeschränkt ihren Interessen und Fähigkeiten folgen. Diese Hobbys sind häufig sehr anspruchsvoll, wie Astronomie und Geschichte, und die Kinder pflegen sie schon sehr viel früher, als man das eigentlich erwartet.

Norbert Anton von der «Deutschen Gesellschaft für das hochbegabte Kind» rät Eltern, die Kinder bei der Beschäftigung mit ihren Hobbys zu bestärken. Denn dann können sie sich intensiv mit Dingen auseinandersetzen, die kein Schulstoff sind. So wird die Schule für sie nicht noch langweiliger.

Grenzen von seiten der Eltern setzen hier allein ihr Geldbeutel und ihre Bereitschaft zum Kutschieren der Sprößlinge.

Grenzen von seiten der Kinder ergeben sich aus ihrer Persönlichkeitsstruktur:

- Vielen hochbegabten Kindern sind alle Gruppenaktivitäten ein Greuel, viele Hobbys werden aber in Vereinen und damit in Gruppen ausgeführt.
- Ihrem Perfektionismus entsprechend, suchen sich hochbegabte Kinder selten Hobbys aus, bei denen sie keine guten Leistungen erbringen können, d. h. ein unsportliches Kind wird nicht in einen Turnverein gehen wollen, und ein unmusikalisches Kind wird den Musikunterricht bald aufgeben (s. a. S. 62f.).
- Hochbegabte Kinder hassen Routine, das ist ein weiterer Grund, warum sie häufig bei Freizeitaktivitäten scheitern: Denn regelmäßiges Üben gehört oft dazu. Diese Kinder sind es gewöhnt, daß sie vieles sofort können, ohne sich anstrengen zu müssen.

Sport und Musik

Eltern sollten auf jeden Fall darauf achten, daß ihre Kinder auch körperlich und sinnlich gefordert werden, am besten mit Musik und Sport – das gilt für diejenigen, die sich fast ausschließlich mit Intellektuellem beschäftigen, natürlich besonders.

Sport

Jüngere Kinder haben einen ausgeprägten Bewegungsdrang, den Eltern, besonders im Winter, nicht immer befriedigen können. Eine gute Möglichkeit für Bewegung bieten Sportvereine, die Turnen schon für Kinder ab zwei Jahren anbieten.

Manche hochbegabte Kinder allerdings verweigern die Teilnahme, weil sie sich keiner Gruppe anpassen wollen. Das macht es ihnen auch später schwer, Mannschaftssportarten auszuführen, obwohl das für ihre emotionale Entwicklung wichtig wäre. «Er hat zwar gern Fußball gespielt», erzählt die Mutter des mittlerweile 17jährigen David, «aber er hat strategisch, nur mit dem Kopf gespielt. Damit war er verloren in solch einer Gruppe.»

Musik

Musikunterricht macht vielen hochbegabten Kindern aus zwei Gründen großen Spaß:
- Dort dürfen sie etwas lernen.
- Das Spielen eines Instruments verschafft Selbstbewußtsein und das Gefühl, etwas zu leisten.

Musikunterricht gibt damit vielen hochbegabten Kindern das, was ihnen vielleicht im Kindergarten oder in der Schule fehlt. Bei einigen haben sich mit dem Beginn des Musizierens die Schwierigkeiten in Kindergarten oder Schule erheblich vermindert. Manche der Jüngeren verweigern allerdings die Teilnahme bei der musikalischen Früherziehung in Gruppen (s. a. S. 68). Sie blühen dann auf, wenn sie Einzelunterricht in einem Instrument bekommen, das sie sich selbst ausgewählt haben.

Kapitel 6

Kindergarten

Für viele hochbegabte Kinder ist der Kindergarten die erste Institution, mit der sie konfrontiert werden. Hier treffen sie auf Erzieherinnen, die bestimmte Erwartungen an sie haben, und auf andere Kinder, mit denen sie sich zu einer Gruppe fügen müssen.

Viele hochbegabte Kinder sind im Kindergarten sehr froh, hier finden sie regelmäßige Kontakte zu anderen Kindern. Dadurch sind sie, die soziale Abläufe so gut verstehen, auch geistig gefordert. Haben sie dann noch das Glück, auf verständnisvolle Erzieherinnen zu treffen, die ihren Wissensdurst akzeptieren, sind viele ausgelastet und ausgeglichen, und zwar bis zur Schulzeit.

Leider trifft das nicht für alle hochbegabten Kindergartenkinder zu. Denn hier, an dieser Institution und zu diesem Zeitpunkt, merken einige Eltern zum ersten Mal, daß ihr Kind anders ist, auch wenn viele noch nicht wissen, warum.

Wir möchten Ihnen hier zeigen, wie hochbegabte Kinder manchmal auf den Besuch des Kindergartens reagieren. Wir wollen Ihnen auch vermitteln, wie Sie Ihrem Kind helfen können, wie Sie mit den Erzieherinnen sprechen sollten und was Sie beim Thema Einschulung berücksichtigen müssen. Erzieherinnen können hier Hinweise finden, wie sie auf solche Kinder am besten eingehen.

Widerstand gegen den Kindergarten

Vier Wochen könne es schon dauern, meinte die Leiterin des Kindergartens zu Gabriele Fink, bis ihr Sohn sich an den Kindergarten gewöhnt haben würde. Nach immerhin drei Monaten ging Christoph halbwegs gerne morgens in den Kindergarten, dann wurde er für einige Wochen krank: «Als er nach vier Fehlwochen wieder hinging, stand er jeden Morgen heulend am Fenster des Kindergartens. Zu Hause wurde er zunehmend aggressiver. Er stand morgens auf, warf Sachen um sich, ärgerte seinen Bruder, trotzte, alles der Reihe nach, bis er im Kindergarten war. Nach dem Abholen ging das bis zum Abend weiter. Dann wurde er nachts mehrmals wach und schrie. Das habe ich einige Wochen durchgehalten, dann konnte ich nicht mehr. Ich habe meinen Kinderarzt um Rat gebeten. Der ist dann zu einem Gespräch mit in den Kindergarten gegangen und hat mir danach geraten, Christoph abzumelden und eine andere Einrichtung für ihn zu suchen.»

Auch Renate Pfeuffer behielt ihren Sohn Adrien mehrere Monate zu Hause, bis die Erzieherin, mit der er sich gut verstand, nach dieser Fehlzeit wiederkam. Zu Hause hielt sich das auffällige Verhalten danach noch mehrere Monate: «Er war zu Hause super aggressiv, man durfte gar nichts sagen. Wenn man meinte: ‹Halt deinen Löffel anders!›, dann ist er schon aggressiv geworden.»

Hochbegabte Mädchen reagieren seltener mit Aggression, sondern eher mit Depression, auch das kann bereits im Kindergartenalter und als Reaktion auf Erfahrungen in dieser Institution beginnen.

Die heute fünfjährige Sarah Vogel war insgesamt in vier Kindergärten. Ihre Mutter erzählt, daß Sarah mit den anderen Kindern nicht zurechtkam. Die Schuld dafür schrieb sie sich selber zu: «Nach der ersten Abmeldung hat sie nur noch in ihrem Zimmer gesessen, sich geschaukelt, gar nichts mehr gemacht und gesagt: ‹Mama, das liegt nur an mir, daß ich nicht spielen kann.› Und nach der zweiten Abmeldung meinte sie: ‹Mama, ich hab schon wieder versagt.› Ich sagte: ‹Wer behauptet denn so was? Weshalb hast du versagt?› Sie antwortete: ‹Das braucht mir niemand zu sagen, das weiß ich selber.›»

Auffälliges Verhalten im Kindergarten

Wenn es hochbegabten Kindern nicht gelingt, sich den Gruppennormen und dem Gruppenverhalten anzupassen, fallen sie durch zweierlei Verhalten auf:

1. Einige Kinder spielen meistens allein und wirken traurig und ernst. Das ist ein typisches Verhalten von Mädchen und introvertierten Jungen. «Laura ist die ersten sechs Monate immer nur mit mehr oder weniger Druck in den Kindergarten gegangen», erinnert sich ihre Mutter Petra Most, «danach fing sie an mit Bettnässen und Nägelkauen, sie war ein völlig verändertes Kind. Nach einem Jahr habe ich sie abgemeldet.»

2. Andere sind extrem dominant, aggressiv oder hyperaktiv, das trifft in erster Linie für Jungen und extrovertierte Mädchen zu. «Die ersten drei Monate hat Fabian gebissen und sich geprügelt, sich auf den Boden geworfen. Aber er wollte hingehen», erzählt sein Vater Michael Schäfer. «Er hat sich überhaupt nicht in diese Strukturen eingefügt, die im Kindergarten gängig sind. Die Eingewöhnung dauerte deshalb ein halbes Jahr. In dieser Zeit ließen wir ihn nur stundenweise, also statt drei bis vier nur zwei bis drei Stunden dort.»

Warum manche hochbegabte Kinder im Kindergarten nicht glücklich sind oder auffallen, hängt mit ihrer Persönlichkeitsstruktur zusammen.

1. Schwierigkeiten, sich in die Gruppe einordnen zu können

Wenn Petra Mosts fünfjähriger Sohn Andreas nicht in den Kindergarten will, läßt sie ihn manchmal zu Hause bleiben, fragt ihn aber:

«Andreas, warum willst du nicht in den Kindergarten gehen?»

«Mami, diese Zeit, die man verliert.»

«Ja, was willst du denn mit der ganzen Zeit?»

«Ich hab da keine Zeit zu spielen, das heißt, zu mir selber zu kommen, ich selber zu werden.»

Dieser kleine Dialog zeigt, wie früh hochbegabte Kinder spüren, daß sie so, wie sie sind, im Kindergarten keinen Platz für sich finden. Die Mutter erklärt Andreas' Verhalten sehr gut: «Der Kindergarten ist anstrengend für ihn, weil er sich an eine Gruppe anpassen muß, die nicht so funktioniert wie er.»

2. Übergroße Sensibilität (Sinneswahrnehmung) und Empathie (Einfühlungsvermögen)

Normale Kindergartengruppen umfassen 25 Kinder. Selbst wenn der Kindergarten große Räumlichkeiten zur Verfügung hat, heißt das, daß die meiste Zeit des Vormittages bzw. Tages der Lärmpegel recht hoch ist. Hochbegabte, deren übergroße Sensibilität meist auch eine Überempfindlichkeit gegen Lärm einschließt, leiden unter dem «Krach» – selbst wenn er sich auf dem ganz normalen Level hält. In manchen Kindergärten ist es gestattet, daß die Kinder aus dem Gruppenraum auf den Gang gehen, wenn sie sich dem Lärm (oder den Auseinandersetzungen) entziehen wollen. Das ist eine recht einfache und effektive Lösung des Problems.

Mindestens ebenso häufig klagen die Kinder über Ungerechtigkeiten und Gewalt. Sie wundern sich, warum die Erzieherinnen nicht eingreifen, wenn es körperliche Auseinandersetzungen gibt oder wenn mit Waffen gespielt wird. «Die Brigitte guckt nie», jammert der vierjährige Christoph, «wenn der Florian haut. Und der haut jeden Tag.» In manchen Kindergärten gilt das Prinzip, die Kinder ihre Auseinandersetzungen möglichst ohne Eingriffe der Erzieherinnen führen zu lassen. Das führt manchmal dazu, daß Streitereien in Handgreiflichkeiten ausarten. Das verstehen hochbegabte Kinder nicht, durchschauen sie doch die Situation sehr oft und möchten die Ungerechtigkeit beenden. In anderen Kindergärten hingegen gelten klare Regeln bezüglich Auseinandersetzungen, Gewalt und Waffen. Hochbegabte Kinder sind dankbar dafür.

3. Vorauseilende Sprachentwicklung, schnelles Denken

Die Sprachentwicklung und das Denken hochbegabter Kinder sind meist überdurchschnittlich weit entwickelt, demzufolge spielen sie Spiele für ältere Kinder und kommen auch mit älteren Kindern und Erwachsenen besser zurecht als mit Gleichaltrigen. Im Kindergarten jedoch müssen sie sich mit Gleichaltrigen beschäftigen, denn selbst in altersgemischten Gruppen lehnen es die Älteren manchmal ab, mit den Jüngeren zu spielen.

«Die anderen sind Babys!»

Viele Eltern berichten, daß ihre Kinder mit den Gleichaltrigen nicht zurechtkommen, daß sie sie als «klein», als «Baby» empfinden und mit ihnen ganz einfach nichts anfangen können, weder sprachlich noch handelnd.

«Die erste Woche ist meine Tochter noch ganz gerne hingegangen», berichtet die Mutter der vierjährigen Clarissa Wagner. «Dann kamen Ferien, und wir sind noch einmal in den Urlaub gefahren. Danach hat sie das erste Mal gesagt, sie wollte eigentlich nicht in den Kindergarten, die Kleinen würden immer nur schreien, die könnten nicht richtig malen, die würden nur Kritzel-Kratzel machen, also, das wäre nicht das Richtige. Dazu muß man sagen, in der Gruppe sind 25 Kinder und nur zwei Vorschulkinder. Zu einem hat sie Kontakt aufgenommen, ansonsten sind ihr die Kinder zu klein, sie kommt mit ihnen nicht zurecht. Sie zeigt ihnen, wie man spielt und was man spielen kann.»

Auch Christine Paschke schildert sehr eindrücklich, wie ihr Sohn auf den Kindergarten reagierte:

«David hatte überhaupt kein Interesse, ständig stumm am Tisch zu sitzen und irgendwelche Würfelspiele zu machen. Er hat die Kindergärtnerin mit unzähligen Fragen genervt. An Fasching wollte er genau den Hintergrund von diesem Helau-Hüpfen wissen. Ich hatte ihm einen Zauberumhang genäht, denn er fand Zaubern unheimlich toll. Er kam dann als Zauberer in den Kindergarten und dachte, die Kinder würden etwas miteinander machen. Als ich ihn abholte, sagte er: ‹Was bin ich froh, daß du da bist. Weißt du, was die den ganzen Morgen gemacht haben? Die sind nur im Kreis herumgesprungen und haben helau gebrüllt. Stell dir vor, sogar die Kindergärtnerin.› Die anderen Kinder fanden blöd, daß er das nicht mitmachen wollte. Seine Erzieherin sagte mir dann: ‹Der wird nie richtig Kontakt kriegen, wenn er sich so anstellt.›»

Die Spiele sind langweilig

Gesellschaftsspiele, insbesondere Strategiespiele wie «Das verrückte Labyrinth» und Schach, oder Spiele, bei denen man rechnen muß, wie «Monopoly Junior», zählen zu den Lieblingsspielen vieler hochbegabter Kindergartenkinder. Doch häufig stehen sie mit ihrem Wunsch im Kindergarten allein.

Der vierjährige William hat eine gute Lösung für dieses Problem gefunden: Er bat seine Mutter, ihm die Junior-Version des «Verrückten Labyrinths» zu schenken, damit er es zu Hause lernen und im Kindergarten mit seinen Freunden spielen könne. William ist also bereit, sich den anderen sehr stark anzupassen – was man aber von einem Kind in diesem Alter nicht unbedingt erwarten kann.

4. Das Vorschulprogramm ist nur für Vorschulkinder

Es gibt immer wieder Differenzen über die Vorschulprogramme der Kindergärten. Diese Programme sind für die Kinder, die im folgenden Jahr eingeschult werden. Hochbegabten Drei- und Vierjährigen wird deshalb meist nicht gestattet, daran teilzunehmen. Das verstehen sie oft nicht, empfinden sie doch die Vorschulprogramme manchmal als das einzig Spannende, was der Kindergarten aus ihrer Sicht bietet.

Familie Wagner wurde von diesem Programm regelrecht verfolgt: Ihr Sohn Niklas wollte das vom Kindergarten angebotene Spiel «Heinevetters Einertrainer» nicht spielen, weshalb die Erzieherinnen die vorzeitige Einschulung nicht befürworteten. Ihrer Tochter Clarissa kauften die Eltern das Spiel, damit sie es zu Hause schon üben konnte, «Clarissa kam dann einmal morgens in den Kindergarten, da saß ein Kind am Tisch und versuchte vergeblich, den Heinevetters-Einertrainer für Vorschulkinder zu machen. Da hat Clarissa die Plättchen einfach mal so hingelegt. Die Erzieherin stand daneben und sagte: ‹Ich glaube, wir müssen das Spiel ein bißchen weiter oben auf die Regale stellen, damit nur die Vorschulkinder dran kommen.› Dem Niklas wurde angelastet, daß er es nicht machte, bei der Clarissa war falsch, daß sie es zu früh machte.»

Der Grund, warum Niklas das Spiel nicht mochte, ist naheliegend: Dann, als er es endlich machen durfte, langweilte es ihn, davon berichtet eine ganze Reihe von Eltern. Denn im Vorschulalter beherrschen eben schon einige hochbegabte Kinder die Buchstaben und die Zahlen bis 100 oder gar 1000, manche können schon lesen. Bei den normalen Vorschulprogrammen geht es aber um einfaches Zuordnen, Sortieren und Zählen allenfalls bis 10.

Etwas einfacher haben es die Kinder in Montessori-Kindergärten. Dort gibt es sog. Montessori-Material, das den intellektuellen Bedürfnissen Hochbegabter entgegenkommt, und zwar zu einem Zeitpunkt, den sie selber wählen. Spätestens im letzten Kindergartenjahr fordert sie dieses Material aber häufig auch nicht mehr genug. Helga Biebricher und Horst Speichert informieren in ihrem Buch «Montessori für Eltern» über die Materialien und ihren pädagogischen Nutzen (rororo 60581).

Waldorfkindergärten sind übrigens häufig ungeeignet für hochbegabte Kinder. Dort ist das Lernen von Buchstaben und Zahlen unerwünscht. Statt dessen wird fast ausschließlich mit Naturmaterial gespielt. Das ist eigentlich sehr positiv, aber es fehlen eben Spielsachen bzw. Gesellschaftsspiele, die das Denken fordern. Außerdem betonen Waldorfkindergärten sehr das Leben in der Gruppe, unabhängiges, selbstbestimmtes Spielen ist nicht Erziehungsziel.

Umgang mit den Erzieherinnen

Äußert ein Kind Widerstand gegen den Kindergarten, versuchen alle Eltern zuerst, im Gespräch mit den Erzieherinnen die Gründe herauszufinden. In zunehmendem Maße treffen Eltern auf informierte Erzieherinnen, obwohl das Thema Hochbegabung in ihrer Ausbildung im allgemeinen nicht vorkommt. Und so bringen sie Eltern manchmal auf die richtige Spur, wie z. B. Renate Pfeuffer: «Immerhin verdanke ich der Erzieherin, die immer sagte, ich dressiere Adrien, eine Erkenntnis. Ich sagte ihr, das stimme überhaupt nicht, daß ich Adrien trimme. Und sie sagte dann: ‹Wenn Sie das nicht machen, dann ist der ja hochbegabt.› Da hörte ich dieses Wort zum ersten Mal. Und dann habe ich mir überlegt, die könnte ja recht haben.»

Auch Margarete Vogel, Mutter von Sarah, half der Hinweis einer Erzieherin: «Die eine Erzieherin hat mir einen Artikel aus ‹Geo› gegeben und gesagt: ‹Sarah ist das einzige Kind in der Gruppe, das ständig sagt: ‹Mir ist langweilig.› Sie macht nichts mehr, sie setzt sich in die Ecke, sie lutscht Däumchen. Lesen Sie das doch mal durch, vielleicht finden Sie was.› Beim Durchlesen ist es mir dann wie Schuppen von den Augen gefallen.»

Wissen Eltern bereits um die Hochbegabung ihres Kindes, kommen sie manchmal nicht darum herum, darüber zu sprechen. Die Reaktionen der Erzieherinnen können in solchen Fällen sehr ge-

gensätzlich sein. Positiv überrascht war Familie Fink, die ihren Sohn nach erheblichen Problemen in einem städtischen Kindergarten in einer katholischen Einrichtung anmeldete: «Ich habe bei der Anmeldung kein Wort von Hochbegabung gesagt. Nach einer Weile mußte ich wegen seines ebenfalls hochbegabten Bruders, der sich nicht in die Gruppe integrierte, doch darüber sprechen. Die Leiterin des Kindergartens sagte: ‹Gut, daß Sie mir das gesagt haben, es gehört zu unserem Beruf, über die Kinder soviel wie möglich zu wissen.›»

Manchmal allerdings müssen sich Eltern beim Gespräch mit Erzieherinnen unerwartete Vorwürfe anhören. So erging es Manuela Schmieder:

«Stephanie ging mit drei Jahren in den Kindergarten, und schon nach einigen Wochen wollte sie nicht mehr hingehen, sondern zu

Hause bleiben. Dann mußte ich mich dazusetzen. Die Kindergärtnerin sagte dazu: ‹Ihre Tochter kann nicht richtig mit anderen Kindern spielen. Sie scheint es nicht gewöhnt zu sein.›»

Zum Vorwurf, ein Kind nicht an andere gewöhnt zu haben, können weitere kommen, wenn Sohn oder Tochter vielleicht schon lesen oder rechnen kann. Das war bei Dominic so: Seiner Mutter wurde von der Kindergärtnerin gesagt, daß sie ihrem Sohn die Kindheit wegnehme und ihm die falschen Dinge zum Spielen gebe.

Eine der harmloseren Beurteilungen hörte Renate Pfeuffer: «Die Erzieherin sagte mal zu mir: ‹Mein Gott, Ihr Sohn ist aber anstrengend!› Aber sie sagte auch: ‹Es macht Spaß, mit ihm zu arbeiten, der lernt immer alles so schnell.›»

Wie sollten Eltern mit Erzieherinnen sprechen?

In manchen Kindergärten gehören Entwicklungsgespräche zum normalen Kindergartenalltag, in anderen kommen Gespräche nur auf Anregung der Eltern oder der Erzieherinnen zustande. Für Eltern stellt sich hierbei immer wieder die Frage, ob sie über die Hochbegabung ihres Kindes sprechen sollen, und wenn ja, in welcher Form.

Wir raten Ihnen, vorsichtig vorzugehen:

1. Da Erzieherinnen nicht immer über Hochbegabung informiert sind, ist es eher sinnvoll, darüber zu sprechen, daß ein Kind in bestimmten Bereichen weiter entwickelt ist.
2. Fragen Sie die Erzieherinnen, ob sie eine Idee haben, wie man Ihr Kind beschäftigen könne, um seine Entwicklung zu unterstützen.
3. Fragen Sie (sehr vorsichtig), ob der Kindergarten bereit wäre, neue Materialien anzuschaffen oder ob Sie Ihrem Kind etwas mitgeben dürfen. Manches hochbegabte Kind bringt sich

seine Vorschulbücher, Buchstaben- und Zahlenspiele, Werkzeuge oder ähnliches selber mit. Vielleicht dürfen Sie dem Kindergarten auch etwas schenken.

4. Signalisieren Sie, daß Sie jederzeit zu einem Gespräch bereit sind, wenn die Erzieherinnen das wünschen. Bieten Sie an, Informationsmaterial zu besorgen, falls die Erzieherinnen danach fragen.

5. Meistens wissen Sie selber nach einiger Zeit, wie offen Sie mit den Erzieherinnen reden können. In manchen Kindergärten stoßen Sie auf heftigen Widerstand, in anderen auf viel Verständnis.

6. Wenn Sie das Gefühl haben, ein offenes Gespräch ist nicht mehr möglich, sollten Sie überlegen, ob der Wechsel in einen anderen Kindergarten sinnvoll wäre. Besser ein Ende mit Schrecken als ein Schrecken ohne Ende ... Denken Sie daran, daß die Probleme Ihres Kindes auch Sie und Ihre gesamte Familie belasten.

Einschulung

Auch wenn die Erzieherinnen Ihr Kind durch den täglichen Kontakt meist sehr kompetent beurteilen können, so gibt es einen Punkt, bei dem Sie diese Beurteilung eventuell nicht berücksichtigen sollten: wenn es nämlich um die Einschulung auf Antrag von Kann-Kindern oder noch früher geborenen Kindern geht. Zur Zeit allgemeingültiger Konsens ist, die Kinder so lange wie möglich im Kindergarten zu lassen, «ihnen das Jahr Kindheit nicht wegzunehmen» (s. a. nächstes Kapitel).

Vorrangiges Kriterium für die Schulreife ist das Sozialverhalten, und genau hierbei schneiden hochbegabte Kinder häufig schlecht ab. Denn auch wenn sie schon als Kleinstkinder soziale Prozesse durchschauen, so verhalten sie sich aus Sicht der Kindergärtnerinnen häufig unsozial: d. h. eigenbrötlerisch, egozentrisch, scheu oder auch störend, aggressiv und dominant, auf jeden Fall werden sie meist als nicht schulreif bezeichnet.

Wenn Sie den Verdacht haben, Ihr Kind sei hochbegabt, oder Sie haben die Bestätigung durch einen Test, dann sollten Sie Ihren Sohn oder Ihre Tochter dann zur Schule anmelden, wann Sie es für richtig halten. Der Ratschlag der Kindergärtnerinnen ist keine rechtlich gültige Empfehlung. Die Einschulung auf Antrag ist letztendlich Sache der Eltern, des Schuldirektors und des Arztes vom Gesundheitsamt, der die Schuluntersuchung durchführt (mehr dazu im nächsten Kapitel).

Welcher Kindergarten ist geeignet?

Suchen Sie einen Kindergarten, in dem folgende Voraussetzungen gegeben sind (die im übrigen für jeden guten Kindergarten zutreffen sollten):

- Die Gruppen sind möglichst klein.
- Es gibt einen guten Personalschlüssel, d. h. ausreichend viele Erzieherinnen im Verhältnis zur Zahl der betreuten Kinder.
- Es ist vielfältiges Spielmaterial vorhanden.
- Es wird zwar Programm wie Basteln angeboten, das ist aber nicht obligatorisch.
- Es gibt klare Regeln bezüglich Ordnung, Verhalten, Gewalt.
- Es wird versucht, keine Mädchen- bzw. Jungengruppen entstehen zu lassen.
- Die Erzieherinnen sind bereit, sich auf längere, auch von den Kindern vorgegebene Gespräche einzulassen.
- Auf dem Tagesplan steht Bewegung, entweder als Turnen oder als Spazierengehen oder als Rausgehen.

Falls Sie einen Montessori-Kindergarten in der Nähe haben, so empfehlen wir Ihnen, sich diesen Kindergarten näher anzusehen. Denn die Montessori-Idee des selbstbestimmten Lernens und die Montessori-Materialien kommen dem Lernwillen der meisten hochbegabten Kinder sehr entgegen. Einschränkungen gibt es hier natürlich genauso wie überall: Die Atmosphäre in jedem Kindergarten, ob Montessori oder nicht, hängt sehr von der Persönlichkeit der Leiterin und der Erzieherinnen ab (s.a. S. 97).

Abraten möchten wir Ihnen von einem Waldorf-Kindergarten, auch wenn er die einzige private Alternative in Ihrem unmittelbaren Wohnumfeld sein sollte. Denn dort sind Buchstaben und Zahlen verpönt, der Kindergartenalltag verläuft sehr ritualisiert und wenig selbstbestimmt (s.a. S. 97f.).

Ungewöhnliche Lösungen für den Kindergartenbesuch

Hier stellen wir Ihnen noch zwei Möglichkeiten des Kindergartenbesuchs vor, die allerdings nur zu realisieren sind, wenn nicht beide Elternteile arbeiten gehen müssen oder wollen.

2-Tage-Modell

Für manche Kinder ist es sinnvoll, wenn sie einige Zeit oder auch die gesamte Zeit ihres Kindergartenaufenthaltes eine kürzere Stundenzahl und/oder nur zwei oder drei Tage in der Woche den Kindergarten besuchen, empfiehlt die Psychologin Dr. Aiga Stapf. Denn der Kindergarten bedeutet für manche hochbegabte Kinder Anpassung, und die sollte nicht so lange und nicht so häufig gefordert werden.

Hierbei ist es allerdings sinnvoll, zumindest für jeweils eine Woche klare Absprachen über die Tage zu Hause und die Tage im Kindergarten zu treffen, um nicht täglich neu mit den Kindern verhandeln zu müssen.

Dieses Modell ist im ersten halben Jahr nicht sinnvoll, weil sonst die Integration in die Gruppe sehr schwierig wird. Denn die Kinder müssen sich erst einmal richtig untereinander kennenlernen, sonst werden diejenigen, die regelmäßig tageweise weg sind, nicht akzeptiert.

Den Kindergartenbesuch ganz streichen

«Warum verzichten Sie nicht einfach darauf, Ihr Kind in den Kindergarten zu schicken?» fragt Dr. Aiga Stapf eine Mutter während eines Beratungsgesprächs. Die Mutter ist erstaunt, für die Psychologin ist dies ein normaler Vorschlag. Kann man ein Kind einfach zu Hause lassen?

Rechtlich natürlich ja, es gibt keine Kindergartenpflicht. Und es gibt auch keine Untersuchung, die beweist, daß ein Kind, das nicht in den Kindergarten gegangen ist, besondere soziale Probleme in der Schule hat.

Und auch praktisch, denn der ständige Streit um den Kindergartenbesuch belastet das Familienklima erheblich. In solchen Fällen ist es sinnvoll, die Kinder zu Hause zu lassen – wenn Sie es sich, wie gesagt, «leisten» können.

Paradies für hochbegabte Kindergartenkinder – Jugenddorf Hannover.
Ein Gespräch mit Christa Hartmann, Hannover

Hinter der Bezeichnung «Kindertagesstätte im Christlichen Jugenddorf Deutschland e. V.» verbirgt sich eine Einrichtung der Karg-Stiftung, in der seit 1995 hochbegabte Kinder aus dem gesamten Umland zusammen mit Stadtteilkindern in einem Kindergarten (in vier Gruppen mit jeweils 15 Kindern und drei Erzieherinnen) und hochbegabte Grundschulkinder in einem Hort betreut werden. Leiterin des Kindergartens und des Kinderhorts ist die Psychologin Christa Hartmann, die schon vor Gründung dieser Institution als Schulpsychologin mit hochbegabten Schulkindern arbeitete und feststellte, daß man vorbeugend tätig werden muß. Dazu hat sie diesen Kindergarten und den Hort eingerichtet (eine weitere Kindertagesstätte der Karg-Stiftung in Nürnberg wird voraussichtlich 1999/2000 fertiggestellt sein). Und dazu führt sie auch Fortbildungsveranstaltungen für Erzieherinnen durch (Adressen s. S. 182).

Christa Hartmann erklärt in einem Interview für dieses Buch das pädagogische Konzept des Kindergartens. Sie zeigt auch auf, daß einige Punkte davon überall umgesetzt werden könnten – sofern die Erzieherinnen dazu bereit sind.

Was sind die Hauptpunkte Ihres pädagogischen Konzepts?

Christa Hartmann: Ein wesentlicher Gedanke ist die soziale Integration, die gemeinsame Erziehung hochbegabter und normaler Kinder. Das machen wir in *einer relativ geringen Gruppenstärke* (15 Kinder) mit mindestens zwei Erzieherinnen und in der Regel noch einer dritten Kraft dazu.

Wir machen eine sehr *individuelle Förderung*, wir arbeiten stark themenorientiert, wenn die Kinder hier etwas einbringen, dann wird das auch vertieft und methodisch vielfältig angegangen.

Wir versuchen natürlich, einen *ganzheitlichen Ansatz* zu verwirklichen und in diesem Rahmen nicht nur intellektuelle Förderung anzubieten, sondern auch sehr viel Ausgleichendes. Und ich denke, wir haben eine gute Mischung aus kreativen und motorischen Angeboten.

Bei uns gibt es z. B. von Montag bis Mittwoch eine Art *Kurssystem*, bei dem die Kinder auswählen können, was sie interessiert, dazu gehört Englisch, Psychomotorik, Tanzen, Geschichtenerfinden und natürlich auch Computer oder Schach. Diese Kurse sind gruppenübergreifend, für ein halbes Jahr, sonst arbeiten wir in geschlossenen Gruppen. Und dann gibt es Donnerstag und Freitag in der Gruppe Internes, bei dem dann der Schutz- und Schonraum der eigenen Gruppe ganz wichtig ist. Da machen die Kolleginnen für die Kinder Angebote, um sie in der Selbständigkeit und Selbstsicherheit zu fördern.

Die *Individualisierung* ist uns wichtig, die Differenzierung bei den Angeboten nach den Bedürfnissen der Kinder und vom Material her. Wir haben einiges an Spielzeugfreiheit. Wir vertreten auf der anderen Seite auch Montessori-Gedankengut, das ja auch stark individualisierend ist, und wir möchten vor allen Dingen die *Eigenverantwortlichkeit*, die Kreativität, aber auch die Selbstsicherheit der Kinder fördern. Es geht uns ja nicht darum, kluge Kinder im intellektuellen Bereich noch mehr zu fördern. Das akzeptieren wir als Stärke der Kinder, das würden wir nie wegdiskutieren wollen, aber wir fördern sehr in die Breite.

Welche Unterschiede bestehen zum «normalen» Kindergarten?

Ich sehe eigentlich keine Unterschiede zu anderen Kindergärten, bis auf das Kurssystem. Aber das könnte jeder normale Kindergarten auch machen. Ich denke, die Ansprüche, die man an die Erziehung unserer Kinder hat, müßten überall gleich hoch und gleich gut sein. Unser Unterschied ist nur, daß wir das vielleicht realisieren, was an anderen Stellen als Forderungen formuliert wird.

Wir haben einfach die Chance, dadurch, daß wir *personell gut ausgestattet und die Gruppengrößen verringert* sind, die Anforderungen auch in die Tat umzusetzen.

Wir haben in diesen Kursen zum Beispiel nur sechs Kinder. Man kann so sehr individuell arbeiten und die Kinder nicht nur beaufsichtigen. Man kann den Kindern individuell sehr gerecht werden, ihren Lerneifer akzeptieren und intensiv auf ihre Persönlichkeit eingehen – die eben unter Umständen dadurch geprägt ist, daß ein Kind sehr intellektuell ist.

Wie können Eltern in einem normalen Kindergarten
um Hilfe für ihr hochbegabtes Kind bitten?

Ich denke, *wenn Erzieherinnen offen für die begabten Kinder sind*, dann ist es ein leichtes, Angebote auch innerhalb der angestammten Kindergartengruppe zu machen. Man muß nur genau hinschauen: ‹Was ist jetzt interessant für das Kind?› Und wo kann man einhaken und dem Kind Dinge zur Verfügung stellen, die man normalerweise für wesentlich ältere Kinder für pädagogisch sinnvoll hält?

Und man muß die vorgefertigten Bahnen und pädagogischen

Normen verlassen, die wir im Kopf haben, was jeweils für ein Kind in diesem oder jenem Alter gut sei, wir müssen einfach freier damit umgehen.

Was vermitteln Sie bei Ihren Schulungen für Erzieherinnen noch?

Es geht darum zu begreifen, daß die Persönlichkeit des begabten Kindes es unter Umständen erforderlich macht, daß man sich sehr präzise dem Kind gegenüber verhält – wobei ich denke, daß man das eigentlich anderen Kindern gegenüber auch tun sollte.

Aber ein begabtes Kind hat eine unendliche *Sensibilität* und kann bestimmte soziale Vorgänge sehr gut durchschauen. Und es hat einen ausgeprägten Gerechtigkeitssinn. Das müssen die Mitarbeiterinnen einfach wissen, daß das Kind ihr Handeln mit diesen Voraussetzungen betrachtet. Und um keine Konfliktfelder zu schaffen, muß auch klar sein, daß ein hochbegabtes Kind vielleicht *sehr viel lebhafter und sehr viel neugieriger* als ein anderes Kind ist und nur wenige Wiederholungen braucht, um sich bestimmte Sachverhalte merken zu können.

Diese grundsätzlichen Dinge müssen erst einmal bei den Mitarbeiterinnen als Wissensstand vorhanden sein, und dann kann man sich wieder jedem einzelnen Kind zuwenden.

Bitte nennen Sie ein Beispiel, wie die Stärken und Schwächen eines hochbegabten Kindes berücksichtigt werden können

Eines der Kinder hatte ein besonderes Interesse an Indianern, Rittern, Seeräubern, an allem, was so ein bißchen kampfbetont war – sich selbst verteidigen und eigentlich auch niemand an sich heranlassen, Stärke und Schutz für sich aufbauen. Und es war sehr schwer, das Kind zu motivieren, daß andere Kinder mitspielen durften, die gleiche Interessen hatten.

Wir haben dann alle Materialien angeschafft, die zu dem Thema

Ritter und Burgen auf dem Markt sind. Wir haben viel darüber gesprochen, Poster aufgehängt und den Kindern alles zum Basteln
von Rüstungen zur Verfügung gestellt. Dann gab es natürlich ein
bißchen Waffenkunde. Und wir haben über das Imponiergehabe
gesprochen und was den Kindern Verletzungen bedeuten.

Der Junge hatte sehr starke feinmotorische Störungen, er konnte
nichts malen. Aber wir haben gesagt: ‹Jeder Ritter macht sein eige-
nes Wappen.› So mußte jeder etwas malen, und das hat er dann
auch gewollt. Also über seine Dominanz haben wir erreicht, daß er
auch an seinen Schwächen arbeitet. Was an Stärken da war, das ist
für die anderen Kinder miteingebracht worden.

Kapitel 7

Einschulung

Das durchschnittliche Einschulungsalter liegt heute bei 6, 7 Jahren, das ist im Vergleich mit vielen anderen Ländern sehr spät. Es ist auch sehr spät, wenn man berücksichtigt, daß die meisten Kinder im Alter zwischen fünf und sechs Jahren Interesse an Buchstaben und Zahlen entwickeln. Warum lassen Eltern ihre Kinder so spät einschulen? Dafür gibt es vor allem drei Gründe:

• Die gesellschaftliche Einstellung, man nehme einem Kind ein Jahr Kindheit, ein Jahr Spielen weg, wenn man es so früh einschule.

• Viele Eltern möchten ihren Kindern gute Chancen in der Schule eröffnen, indem sie sie so spät wie möglich einschulen. Sie denken: Je älter ein Kind, desto weiter ist es in der Entwicklung fortgeschritten und eventuell den anderen, jüngeren Kindern voraus – und damit auch in den schulischen Leistungen.

• Pädagogen möchten, und das sicherlich manchmal zu Recht, Kinder vor überehrgeizigen Eltern schützen.

Wann sollen hochbegabte Kinder eingeschult werden?

«Ich finde, daß die Kinder rechtzeitig eingeschult werden sollten», meint die Hannoveraner Psychologin Christa Hartmann, «wenn man sie intellektuell auslastet, kann man unter Umständen noch einmal an den Defiziten arbeiten. Denn die Kinder haben dann eine Bestätigung. Und es wird nicht so künstlich hinausgezögert, daß sie nun endlich etwas lernen dürfen. Diese Kinder sind ja oft bereit, sehr früh etwas zu tun, sie sind hochmotiviert. Wobei es auch zu dieser Aussage Ausnahmen gibt. Es gibt also durchaus Kinder, bei denen eine gute Versorgung im Kindergarten noch sehr angemessen ist. Und ich meine, man sollte von dieser Kann-Regelung Abstand nehmen und das Einschulungsalter flexibilisieren und individuell entscheiden.»

Christa Hartmanns Wunsch wird nach vielen Jahren vergeblicher Kämpfe einiger Eltern zunehmend Wirklichkeit. Im Herbst 1997 sprach die Kultusministerkonferenz in Bonn die Empfehlung aus:
- den Stichtag für schulpflichtige Kinder vom 30. Juni auf den 31. September zu verschieben,
- die Einschulung auf Antrag auch noch für nach dem 31. Dezember geborene Kinder zu ermöglichen.

Seitdem setzt ein Bundesland nach dem anderen diese Empfehlung zumindest im Punkt «Stichtag 31. Dezember» tatsächlich um, es ändert seine Schulgesetze in dieser Richtung. Was in Baden-Württemberg bereits seit über 20 Jahren selbstverständlich ist, wird es in absehbarer Zeit in der gesamten Bundesrepublik geben (genaue Angaben über den Stand in Ihrem Bundesland bei Ihrem Kultusministerium, Adresse s. S. 184f.). Die Begründung für diese Maßnahme lautet in Hamburg: «Unterricht und Erziehung sind auf den Ausgleich von Benachteiligungen und auf die Verwirklichung von Chancengleichheit auszurichten. Sie sind so

zu gestalten, daß Schülerinnen und Schüler in ihren individuellen Fähigkeiten und Begabungen, Interessen und Neigungen gestärkt und bis zur vollen Entfaltung ihrer Leistungsfähigkeit gefördert und auch gefordert werden.» (Hamburger Schulgesetz, § 2, Abs. 3)

Einschulung auf Antrag (Kann-Kinder-Regelung)

Leider trifft die neue Regelung bisher noch nicht für alle Bundesländer zu, in einigen werden Eltern weiterhin Widerständen gegen eine Einschulung auf Antrag begegnen. Was der in Hessen lebenden Familie Wagner passierte, gehört noch nicht der Vergangenheit an: Die Kindergärtnerinnen sagten, ihr Kind sei aufgrund seines schlechten Sozialverhaltens nicht schulreif: «Und dann dachten wir», erzählt Helena Wagner, «wenn wir jetzt einen Antrag stellen – das hätten wir ja machen müssen, als unser Sohn gerade fünf Jahre alt war –, daß die Schule bestimmt im Kindergarten nachfragt und die Erzieherinnen dem Lehrer oder dem Rektor bestimmt das gleiche sagen, was sie uns gesagt haben. Deswegen haben wir keinen Antrag auf frühzeitige Einschulung gestellt.»

Was Familie Wagner nicht wußte: Der Kindergarten hat keine rechtliche Handhabe, eine Einschulung zu verhindern, das gilt auch dann, wenn Erzieherinnen, Schulamt und Rektor Gespräche miteinander führen.

Auch Familie Schulz hat sich einschüchtern lassen, wenn auch aus einem anderen Grund: «Wir sind zur Anmeldung gegangen, die ja auch für Kann-Kinder ist. Wir haben uns aber bereits im Vorzimmer abwimmeln lassen. Man sagte uns: ‹Nein, das macht man heute nicht, Ihr Sohn ist ja erst im November geboren. Da brauchen Sie gar nicht zum Direktor reingehen, das kriegen Sie gar nicht durch.› Das kam so abweisend, daß wir bereits dort aufgegeben haben und nach Hause gegangen sind. Damit war das Thema Früh-Einschulen erledigt.»

Vorzeitige Einschulung

Eine vorzeitige Einschulung für Kinder, die nach dem 31. Dezember geboren sind, war gesetzlich bis zum Schuljahr 1997/98 nur in Baden-Württemberg erlaubt. Einige andere Bundesländer gestatteten sie, da die Schulverordnungen sie zuließen. Nach der Empfehlung der Kultusministerkonferenz im Herbst 1997 hat sich das geändert. Der derzeitige Stand (1998) ist folgender:

1. Vorzeitige Einschulung durch Gesetz erlaubt

In etwa der Hälfte der bundesrepublikanischen Bundesländer ist die vorzeitige Einschulung per Schulgesetz erlaubt, im Laufe der nächsten Jahre werden weitere dazukommen.

2. Vorzeitige Einschulung durch Schulverordnung erlaubt

In vielen der Länder, in denen es noch keine gesetzliche Grundlage gibt, sind es die Schulverordnungen, die unter den Gesetzen stehen und für jedes Land zusätzlich erlassen werden, die eine Einschulung in begründeten Ausnahmefällen gestatten. Diese Regelung hat einen Pferdefuß. Denn sie bedeutet, daß die Einschulung nur dann möglich ist, wenn ein Direktor einer Schule sie erlaubt. Und sie ist nicht gerichtlich einklagbar.

Familie Harbecke hat das erfahren müssen. Sie stellte einen Antrag auf vorzeitige Einschulung ihres hochbegabten Sohnes und ließ ein schulpsychologisches Gutachten aufgrund einer zweitägigen Beobachtung im Kindergarten anfertigen. Dabei wurde seine Hochbegabung festgestellt und bemerkt, daß er vorwiegend mit Vorschulkindern spielte. Dennoch wurde dem Antrag nicht stattgegeben. Familie Harbecke klagte, doch das Gericht verwies auf die geltende rechtliche Regelung, die keine Ausnahmen gestatte.

In einem anderen Bundesland hatte die Klage einer Familie unerwartete Konsequenzen: Der Direktor einer Schule stimmte der Einschulung eines zu jungen Kindes zu, eine andere Familie erfuhr davon und versuchte bei dem sich verweigernden Direktor einer anderen Schule im selben Ort gerichtlich eine Einschulung zu erzwingen. Ergebnis des Ganzen: Das Kultusministerium schaltete sich ein, und am Ende durfte keines der Kinder in die Schule gehen.

3. Vorzeitige Einschulung weiterhin verboten

In einigen wenigen und glücklicherweise immer weniger Ländern werden Eltern noch immer keine Chance haben, ihre Kinder einzuschulen, auch wenn diese aufgrund ihrer Hochbegabung zu den «begründeten Ausnahmefällen» zählen. Dann bleibt nur noch die Gastkindregelung (s. S. 116ff.).

Eingangsstufe in der Grundschule

Am Ende des Prozesses schlug man der oben erwähnten Familie Harbecke vor, ihren Sohn in einer Eingangsstufe in einem anderen, wenn auch nahe gelegenen Ort einzuschulen.

Dieser Modellversuch an Schulen in Hessen, Baden-Württemberg, Schleswig-Holstein, Niedersachsen und Berlin (Stand 1998) ermöglicht Kindern, die bis zum 30. Juni fünf Jahre alt sind, mit den Kann-Kindern in eine sog. E1 (1. Schuljahr) eingeschult zu werden und innerhalb von zwei Jahren kontinuierlich an die unterrichtlichen Lern- und Arbeitsformen der Grundschule herangeführt zu werden. Die Kinder können je nach individuellem Lerntempo nach ein oder zwei Jahren in die E2 (2. Schuljahr) wechseln.

In Bayern wird der Schulversuch an 169 Grundschulen ab dem Schuljahr 1997/98 etwas anders gestaltet. Dort ist die Eingangsstufe jahrgangsübergreifend, und die Kinder können nach ein, zwei oder drei Jahren in die dritte Klasse gehen – je nach «Lernzeittempo» (Pressemeldung des Kultusministeriums), außerdem wird es einige bayerische Schulen geben, die halbjährliche Einschulungen anbieten (Genaueres bitte beim Kultusministerium erfragen, Adresse s. S. 184). Familie Harbecke machte von dem Angebot der Einschulung in die Eingangsstufe keinen Gebrauch, weil ihr Sohn mit seinen Freunden in seiner Stadt eingeschult werden wollte.

Wie sinnvoll ist eine Eingangsstufe?

Falls es in Ihrem Ort eine solche Eingangsstufe geben sollte: Erkundigen Sie sich genau, was dort gemacht wird. Vermutlich ist der Besuch einer solchen Eingangsstufe sinnvoller als der Verbleib im Kindergarten, darf hier doch zumindest ein wenig Schulwissen gelernt werden. Es ist allerdings möglich, daß Ihr Kind sich dort genauso langweilt wie im Kindergarten.

Modell Gastschüler

Ein sehr selbständiges kleines Mädchen kommt auf uns zugelaufen: «Guten Tag, ich darf schon in die Schule, obwohl ich erst fünf Jahre alt bin. Toll, nicht?» Die Mutter bittet sie, sich zu waschen, sich anzuziehen und dann zum Spielen auf den nahe gelegenen Spielplatz zu gehen. Das Mädchen macht alles und verläßt das Haus.

Sarah hat in zwei Jahren vier Kindergärten besucht, beim letzten sagte sie: «Mama, es ist der schönste Kindergarten, in dem ich jemals war. Aber mir ist so langweilig.» Sie wurde wechselweise aggressiv und depressiv. Frau Vogel fuhr mit ihrer Tochter nach Hannover zu Christa Hartmann, wo Sarah getestet wurde – mit dem Ergebnis einer Empfehlung, Sarah so schnell wie möglich einschulen zu lassen. Daraufhin setzte sich die Mutter mit dem Schulpsychologen in Verbindung, der Sarah auf Schulfähigkeit hin testete, und wandte sich an die Schulrätin. Beide befürworteten die Einschulung, der dann noch der Direktor zustimmen mußte. So wurde Sarah mit knapp fünf Jahren mitten im Schuljahr eingeschult – als Gastschülerin.

Sarah war es ganz und gar nicht recht, daß ihre Mutter das Interview gab, sie stimmte nur zu, als ihre Mutter versprach, es anonym zu tun (was hier geschieht). Nach dem Interview fuhren wir an dem Spielplatz vorbei, zu dem ihre Mutter sie geschickt hatte: Da stand ihr Fahrrad, und sie spielte mit den anderen auf dem Klettergerüst – ein scheinbar ganz normales Mädchen.

«Status» Gastschüler

Theoretisch kann ein Kind in jedem Alter und zu jeder Zeit im Schuljahr Gastschüler werden, vorausgesetzt, der Direktor der Schule stimmt zu. Von ihm allein hängt der Schulbesuch ab. Ein Kind wird in diesem Fall nicht regulär eingeschult, das geschieht erst dann, wenn es das erforderliche Alter erreicht hat – aber es kann dann in dem Klassenverband bleiben, zu dem es bereits gehört. Eine weitere Einschränkung ist, daß das Kind offiziell täglich nur zwei Stunden am Unterricht teilnehmen darf und keine Noten und Zeugnisse erhält, aber das wird nicht an allen Schulen wirklich so streng gehandhabt.

Die Einschulung als Gastschüler erfolgt nach einem formlosen Antrag, einem Gespräch mit dem Direktor, einer schulärztlichen und meist einer schulpsychologischen Untersuchung. Wir möchten Ihnen allerdings nicht verheimlichen, daß Gastschüler große Ausnahmen sind. Einen Erfahrungsbericht kann man in Labyrinth Nr. 46 von 1995, erhältlich bei der DGhK (Adresse s. S. 181), lesen.

Falls Sie in die Situation kommen sollten, daß man Ihnen sagt, den Status Gastschüler gebe es nicht, müssen Sie folgendes wissen: Der Status Gastschüler ist in den Schulverordnungen zu den Schulgesetzen der Bundesländer festgelegt. Er besagt, daß Kinder, die nur zeitweise an einem Ort sind – aus welchen Gründen auch immer – und somit nicht regulär eingeschult werden, dennoch für einige Wochen oder Monate an einer bestimmten Schule den Unterricht besuchen dürfen. Im Zusammenhang mit hochbegabten Kindern dürfte der Status Gastschüler vielen Direktoren unbekannt sein.

Ist Ihr Kind schulreif?

Bevor Sie versuchen, Ihr Kind als Kann-Kind oder als Gastkind einzuschulen, sollten Sie allerdings noch überlegen, ob Ihr Sohn oder Ihre Tochter wirklich schulreif ist.

Denn die Einschulung verlangt nicht nur intellektuelle Reife, ein Kind sollte auch eine gewisse Selbständigkeit haben. Dazu gehören sich selber anziehen, alleine zur Schule laufen und sich einer Gruppe zugehörig fühlen.

Vielleicht fühlt sich Ihr Kind auch in seiner Kindergartengruppe ausgesprochen wohl, und seine Freunde werden auch erst im nächsten Jahr eingeschult. Oder es ist trotz seiner intellektuellen Interessen noch sehr verspielt. Dann ist es gut möglich, daß es im Kindergarten besser versorgt ist als in der Schule.

Schulärztliche Untersuchung

Bei der Entscheidung, ob ein Kann-Kind schulreif ist, hat die Untersuchung durch den Amtsarzt große Bedeutung. Wenn Sie Ihr Kind vorstellen: Denken Sie selber daran, daß Ihr Kind fünfeinhalb oder gerade sechs ist und eben nicht sieben, wie die ältesten der einzuschulenden Kinder. Es muß also nicht in allen Bereichen so perfekt sein wie die ganz Großen. Diese Einstellung macht Sie selber sicherer im Gespräch mit dem Amtsarzt. Denn auch er wird Ihnen vermutlich von der Einschulung abraten, wenn Ihr Kind ein spätes Kann-Kind oder noch jünger als ein solches ist.

Falls Sie Ihr Kind vorzeitig oder frühzeitig einschulen lassen wollen

Entscheiden Sie sich, Ihr Kind auf Antrag einschulen zu lassen, so müssen Sie es für den Gasthörerstatus informell und für den Kann-Kind-Status (in einigen Bundesländern auch für nach dem 31. Dezember geborene Kinder) formell zum von der Schule festgesetzten Zeitpunkt anmelden.

So können Sie mit dem Direktor sprechen

Für die Einschulung auf Antrag (ob Kann- oder Gast-Kind) werden Sie zum Gespräch mit dem Direktor eingeladen. Wir raten Ihnen, beim Eintreten für Ihre Belange vorsichtig vorzugehen:
- Treten Sie nicht so auf, als hätten Sie unbedingt das Recht, Ihr Kind einzuschulen, nur weil es hochbegabt ist.
- Vermeiden Sie das Wort hochbegabt, wenn Sie das Gefühl haben, Ihr Gegenüber hält Sie sonst nur für eingebildet oder überehrgeizig.

- Beschreiben Sie konkret, daß ein Verbleiben im Kindergarten für die psychische und emotionale Entwicklung Ihres Kindes von Schaden wäre, daß es isoliert ist oder sein wird, weil seine Vorschulkinder-Freunde alle eingeschult sind oder sein werden, daß es sich langweilt, weil es sich bereits seit einiger Zeit mit den Kulturtechniken Lesen und Rechnen beschäftigt und sich vermutlich ein Jahr später in der Schule noch viel mehr langweilen wird – was auch für den Lehrer schwierig werden kann.
- Wenn nötig, legen Sie Ihr psychologisches Gutachten vor. Dieses sollte die soziale und intellektuelle Reife des Kindes darstellen und keine Details über Ihr Familienleben enthalten.

Dann folgt die schulärztliche Untersuchung, bei Kann-Kindern häufig ein Schulreifetest und in strittigen Fällen – beim Gastkind immer – eine schulpsychologische Untersuchung.

Die letzte Entscheidung trifft in allen Fällen der Schulleiter, Sie haben – sofern Sie in einem Bundesland mit entsprechendem Schulgesetz leben (s. S. 110ff.) – keinerlei rechtliche Handhabe, eine Einschulung zu erzwingen.

Das gleiche gilt für Privatschulen, denn sie sind meist staatlich unterstützt und somit an die Gesetze des jeweiligen Bundeslandes gebunden. Dennoch lohnt sich eine Anfrage, denn manche handeln etwas flexibler. Anders ist es in Privatschulen, die keine staatliche Unterstützung erhalten, wie z. B. die Internationalen Schulen (s. a. S. 169ff.), sie sind zwar den Landesgesetzen, aber nicht den Landesverordnungen der staatlichen Schulen verpflichtet.

Kapitel 8

Alltag in der Schule

Endlich in die Schule gehen, endlich richtig lernen dürfen, davon träumen viele hochbegabte Kinder. Denn bis zum Schulbesuch dürfen sie zwar vieles lernen, man gesteht ihnen mittlerweile auch zu, sich schon während der Kindergartenzeit mit Buchstaben und Zahlen zu beschäftigen. Lesen, Schreiben und Rechnen soll aber möglichst erst in der Schule gelernt werden. Dennoch kennen einige hochbegabte Kinder bis zur Einschulung bereits die Buchstaben oder können gar lesen, manche bewegen sich im Zahlenraum bis 100 oder gar 1000 und beherrschen die vier Grundrechenarten. Schwierigkeiten sind in solchen Fällen vorprogrammiert, selbst bei sonst sehr «pflegeleichten» Kindern.

Einige Kinder fallen im Unterricht auf

Manchmal dauert es nur wenige Wochen oder Monate, bis manche hochbegabte Kinder im Unterricht auffallen, und zwar unabhängig davon, ob ihre Hochbegabung bekannt ist oder nicht. Adrien Pfeuffer z.B., der bereits während der Kindergartenzeit getestet worden war, fühlte sich am Anfang noch ganz froh in der Schule, wie seine Mutter erzählt. «Aber nach einem halben Jahr merkte ich, daß er anfing, in den Heften zu schmieren. Er wurde auch langsamer. Es ging ihm auch nicht mehr so gut, er war auf einmal sehr verschlossen. Je schlechter es ihm ging, desto weniger erzählte er. Ich habe dann mit der Lehrerin gesprochen, ob ihr an dem Kind was aufgefallen sei. Sie sagte: ‹Allerdings fällt er auf, aber ich kann mit ihm umgehen.› Ihr sei aufgefallen, daß es bei ihm in Richtung Depression gehe. Sie hätte ihn noch nie lachen sehen. Und ich sollte dringend mit ihm zum Psychologen gehen.»

Während Adrien Pfeuffer zu den Kindern gehört, die ihre Unzufriedenheit nach innen kehren, äußern andere sie offen, so wie Lucas Schulz, bei dem die Eltern nicht wußten, daß er hochbegabt ist, als er eingeschult wurde. «Er konnte zu der Zeit rechnen bis über 100 hinaus, und er hatte die Rechenarten an sich begriffen. Und jetzt sollte er sich hinsetzen und die Zahlen schreiben lernen, das war von vornherein klar, daß das nicht geht. Lesen und Schreiben konnte er nicht, aber er kannte die Buchstaben. So war auch das, was in der Schule mit den Buchstaben gemacht wird, nämlich jeden einzeln lernen, etwas, was er im Prinzip bereits beherrschte. Und damit war die Langeweile vorprogrammiert.

Er hat gestört, dazwischengesprochen, geschwätzt, er war ungehorsam und hat sich nicht in die Gruppe eingepaßt.»

Die Hausaufgaben können zum Drama werden

An den Hausaufgaben entzünden sich in vielen Familien wahre Familiendramen, bei hochbegabten Kindern überproportional häufig. Einige machen sie zwar, brauchen aber Stunden dafür, andere erledigen sie nur unter beständigem Protest, weitere verweigern alles, was den Titel Hausaufgaben trägt. Ursache ist immer Langeweile, aber jedes Kind geht – je nach Temperament – anders damit um.

Henrik ist so langsam

Die Mutter von Henrik Schulz hat das Hausaufgabentheater jahrelang beschäftigt: «Henrik hat Stunden für die Hausaufgaben ge-
braucht. Wenn Freunde anriefen und mit ihm spielen wollten, saß
er immer noch an den Hausaufgaben. War er fertig, waren seine
Freunde schon verabredet. Deshalb haben sich hier größere Dra-
men abgespielt. Das Kind war unglücklich, und ich war unglücklich, weil ich ihn immer dazu bewegen wollte, schneller zu sein.»

Lucas protestiert

Lucas Schulz, der Bruder von Henrik, sieht wie eine ganze Reihe hochbegabter Kinder die Hausaufgaben nur als Fleißaufgabe, erzählt seine Mutter. «Er erledigt sie immer in ein paar Minuten. Sie machen ihm keinen Spaß. Er findet sie auch blöd: ‹Warum muß ich das eigentlich machen? Das kann ich doch schon!› Aber er weiß, daß die Lehrerin das von ihm verlangt. Und da macht er es.»

Daniel verweigert die Hausaufgaben

Petra Mosts Sohn Daniel entwickelte im Laufe der Grundschuljahre in bezug auf die Hausaufgaben das, was die Pädagogen «Lernverweigerung» nennen:

«Daniel hat dann im dritten Schuljahr, mit dem Druck der Rechtschreibung, mit dem Druck der Hausaufgaben, die Schule als nicht mehr wichtig abgelegt. Da konnte man machen, was man wollte. Daniel hat keine einzige Hausaufgabe mehr gemacht. Er saß nur mit Zwang am Tisch. Er kam aus der Schule und sagte, er hätte nichts auf, er hätte schon alles gemacht. Wenn ich versucht habe, ihn zu kontrollieren, zeigte er mir irgendwelche Aufgaben, von denen ich auch nicht wußte, sind das die Aufgaben, die er in der Schule gemacht hatte oder nicht. Wenn die Lehrerin mich ansprach und mich ununterbrochen einbestellte und immer wieder sagte, Daniel hätte seine Hausaufgaben nicht gemacht, gab es natürlich wieder Ärger zu Hause.

Und wenn ich ihn dann fragte, warum er die Hausaufgaben nicht machte, da sagte er: ‹Weißt du, das Leben ist so interessant, was soll ich damit?› Er war nicht zu bewegen, sich anzupassen.»

Wie lernen hochbegabte Kinder?

Der hauptsächliche Grund für die Verhaltensauffälligkeit hochbegabter Kinder in der Grundschule ist Langeweile aufgrund von Unterforderung und Wissensvorsprüngen, denn Hochbegabte können
sowohl eine größere Stoffmenge als auch ein größeres Lerntempo
vertragen, als für ihre Altersgruppe im Lehrplan vorgesehen ist.

Dazu kommt, daß sie auf sehr ungewöhnliche Weise lernen, anders
als ihre gleichaltrigen Klassenkameraden:
1. Sie lernen schnell und vernetzen dabei ihr Wissen sofort mit bereits
   Gelerntem, auch aus anderen Fächern oder Lebensbereichen.
2. Sie brauchen viel Stoff, insbesondere bei Themen, die sie interessieren; diesen Dingen wollen sie so weit wie möglich auf den
   Grund gehen.
3. Sie lehnen vorgefertigte Methoden und Lösungswege manchmal
   ab.
4. Sie benötigen kaum oder nur wenige Übungs- und Wiederholungsphasen.

Das führt zunächst zu Langeweile, die nicht unmittelbar als solche
zu erkennen ist, dann eventuell zu auffälligem Verhalten im Unterricht und zu Mißverständnissen von seiten der Lehrer und Eltern,
die das Geschehen oft nicht zu deuten wissen. Damit Sie es erkennen können, hier einige Beispiele für das atypische Lernverhalten
hochbegabter Kinder.

Alexander ist zu schnell

Da Alexander Richter große Schwierigkeiten in der Feinmotorik
hatte, wollte seine Mutter ihn kurz nach der normalen Einschulung
in die Vorschulgruppe zurückstufen lassen. Sie bat die Lehrerin
darum, doch die erwiderte: «‹Das kommt überhaupt nicht in Frage,
Alexander ist mein bester Schüler.›

Alexander war im ersten Schuljahr brillant. In Mathematik hatte

er immer alle Punkte und war immer Rechenkönig. Aber er war für die Lehrerin auch ziemlich anstrengend, weil er innerhalb weniger Minuten den Unterrichtsstoff der Stunde erfaßt hatte und weitere Fragen stellte. Da waren aber noch 20 Kinder, die nicht so schnell verstanden. ‹Alexander, du mußt warten!› hieß es dann. Er wurde nicht mehr drangenommen.»

Martin verpaßt den Anschluß

Martin Peetz durfte die zweite Klasse nicht überspringen. Deshalb langweilt er sich im Unterricht sehr. Seine Mutter sagt resigniert: «Ich habe Angst davor, daß er sich einbildet, er könnte alles und paßt nicht auf. Und dadurch, daß er natürlich nicht alles kann, verliert er den Anschluß. Und wacht zu spät auf und merkt dann, daß er Lücken hat.»

Daniel lernt auf seine Weise

Wie anders einige hochbegabte Kinder lernen, schildert Petra Most an ihrem Erstkläßler-Sohn Daniel:

«Daniel lernt durch Tun, und was er nicht ertragen kann, ist Reproduzieren. Ich versuchte einmal, mit ihm das Einmaleins bis 100 auswendig zu lernen. Es war nichts zu machen. Wenn man ihn fragte, was ist 4×8, dann fing er an mit 2×2, dann rechnete er hoch, um dann irgendwann auf 32 zu kommen, und manchmal war's dann auch 33.

Daniel kann alle Dinge nur so lernen wie das Einmaleins, auf seine Art und Weise, er muß sie sich erarbeiten. Bei Mathearbeiten schreibt er manchmal nur das Ergebnis hin. Und dann fragt der Lehrer: ‹Wo sind die Rechenschritte?› – ‹Weiß ich nicht. Kann ich nicht.› Er kann wirklich nicht erklären, wie er darauf gekommen ist. Da sagt der Lehrer dann: ‹Natürlich abgeschrieben. 6!›»

Mögliche Folgen für das Verhalten

Nach dem Interview mit Barbara Peetz holt sie ein Foto ihres Sohnes Martin aus der Tasche, es zeigt einen fröhlichen kleinen Jungen. «Das war, als er noch froh war ...»

Diesen Satz haben nicht wenige der interviewten Eltern gesagt, so daß er nachdenklich stimmen muß. Denn wenn man liest, was passieren kann, wenn diese Kinder in die Schule und damit in Kontakt mit einer mehr oder minder starren Institution kommen – deren Besuch im Gegensatz zum Kindergarten nicht freiwillig ist –, dann erscheint ein Teil der hochbegabten Kinder in einem sehr falschen Licht: als rebellisch, unangepaßt, vorlaut, frech, unsozial und egoistisch. Was man dabei nicht sieht: Sie sind nicht glücklich und können alle Variationen von Verhaltensauffälligkeiten entwickeln: psychosomatische Störungen (wie Bauchweh, Kopfschmerzen, manchmal Asthma), Aggressionen, Autoaggressionen und Depressionen.

Glücklicherweise geht es nicht allen hochbegabten Kindern so, etwa die Hälfte ist ganz und gar nicht unzufrieden in der Schule, selbst wenn die Anforderungen für sie vielleicht manchmal zu niedrig sind. Sie können sich dem ohne Schwierigkeiten anpassen.

Anzeichen für Unterforderung

Damit Sie als Eltern oder Pädagogen merken können, ob ein Kind unterfordert ist, hier einige Schilderungen von Eltern:

Träumen

Eltern und Pädagogen müssen die Unterforderung nicht unbedingt merken. Insbesondere Mädchen gelingt es häufig, die Umstände in der Schule weitgehend zu akzeptieren.

Wird es den angepaßten Kindern allerdings zu langweilig, so beginnen sie zu träumen oder, wie die Tochter der Familie Ausländer, sich eine andere interessante Beschäftigung zu suchen: Nathalie führte zu Hause und nach einiger Zeit auch in der Schule Selbstgespräche. Hätte sie geträumt, wäre das niemandem aufgefallen, die Selbstgespräche allerdings störten den Unterricht erheblich. Die Lehrerin bat die Mutter um ein Gespräch, und eine Psychologin fand den Grund des Mit-sich-selber-Redens heraus. Nathalie Ausländer hatte Glück, die Lehrerin hatte selber ein hochbegabtes Kind und war dem Thema gegenüber sehr aufgeschlossen. Sie forderte Nathalie von nun an mehr, mit dem Ergebnis, daß sie die Grundschule von da an problemlos durchlief.

Aggressivität

Lucas Schulz war nach der Schule immer «froh, zu Hause zu sein», berichtet seine Mutter, «und hat sich dann erst mal austoben müssen, er hatte einen extremen Bewegungsdrang. Er ging dann raus in den Garten und trat seinen Fußball. Er war nie aggressiv gegen uns.»

Bei Familie Rühl waren die Eltern, insbesondere die Mutter, der Katalysator: «Das gute Verhältnis, das wir zu unseren Kindern hatten, also auch zu Joy, das hat natürlich extrem gelitten. Innerlich hat sie uns Vorwürfe gemacht, und sie wurde auch immer schwieriger. Es war dann teilweise so, daß ich ihr mittags eine runtergehauen habe, weil sie sich nicht mehr beruhigte. Sie hat rumgesponnen, sie hat sich erst nach einer Stunde an die Hausaufgaben gesetzt, sie hat ihren ganzen Frust an mir ausgelassen. Und zwar teilweise so extrem, daß ich sie dann genommen und geschüttelt und gesagt habe: ‹Hörst du jetzt auf!› Das war Nervenbelastung hoch 10.»

Aggression *und* Depression

Inge Weidner erinnert sich nur ungern an die Zeit, als ihre Tochter die ersten Schulerfahrungen machte: «Es war eigentlich so, daß sie mit sieben Jahren lieber nicht mehr leben wollte, als da wieder hinzugehen. Das war für uns eine schwierige Situation.

Dieses eigentlich temperamentvolle und fröhliche Kind war nur noch aggressiv und ungenießbar. Wir ließen Sabine von einem Psychologen testen. Uns wurde dann erklärt, daß das Kind sehr intelligent sei, daß sie aber noch nie ein Kind gehabt hätten, das derart mutlos sei und seine Situation als so aussichtslos und unabänderlich einschätze.»

Depression

Bei Clemens Metz war es ein Umzug von Augsburg nach Frankfurt, der seine Hochbegabung für ihn zum Problem werden ließ. «Er kam in eine laufende vierte Klasse, das war leistungsmäßig überhaupt kein Problem. Aber er hat sozial einfach keinen Fuß auf den Boden bekommen. Plötzlich hatte er keine Freunde und keinen Chor und keinen Sport mehr, und er hat alles abgeblockt. Und dann hatte er plötzlich Phantasien und Angstvorstellungen und kam als guter Skifahrer keinen Abhang mehr runter. Er entwickelte auch psychosomatische Störungen wegen der Schule: Nicht wenn Arbeiten angesagt waren, sondern an ganz normalen Schultagen bekam er morgens Spucken und Bauchweh.»

Familie Metz ließ Clemens von einer Diplompsychologin und Heilpädagogin therapieren – und sie ließ ihn die Schule wechseln, mit dem Ergebnis, daß er jetzt sehr ausgeglichen und leistungsmäßig stark ist.

Mögliche Folgen für das Lernen

Hochbegabte Kinder sind also aus vielen Gründen keineswegs immer gute Schüler – obwohl sie es sein könnten. Deshalb wollen wir Ihnen zeigen, worauf Sie, die Eltern und Lehrer, achten sollen, damit diese Kinder die Leistungen erbringen, die auch ihren Möglichkeiten entsprechen – und nicht zu sog. Leistungsversagern (Underachievern) werden.

Was sind «hochbegabte Leistungsversager»?

Die Wissenschaft hat für die hochbegabten Kinder, die nicht die Leistungen erbringen, die ihren Möglichkeiten entsprechen, einen Begriff geprägt: «hochbegabte Leistungsversager». Das dafür typische Lernverhalten fällt manchmal bereits in der Grundschule, manchmal aber auch erst in einer weiterführenden Schule auf.

Wir stellen Ihnen hier die wichtigsten Forschungsergebnisse des niederländischen Professors für Hochbegabung Franz J. Mönks vor (vgl. 1993, S. 58–60):

1. Hochbegabte Leistungsversager haben eine «äußere Kontrollüberzeugung», nämlich die Überzeugung, «daß das eigene Verhalten vor allem von außen bestimmt wird» (im Gegensatz zur «inneren Kontrollüberzeugung», wobei die Person sich selber als die das Verhalten kontrollierende Instanz sieht) (S. 58).

2. Weil sie sich in der Grundschule oft jahrelang nicht im geringsten anstrengen müssen, um den Unterrichtsstoff zu lernen, fehlen hochbegabten Schülern Motivation und Anstrengungsbereitschaft.

3. Weil sie nicht motiviert sind zu lernen und weil sie sich in der Grundschule nicht anstrengen müssen, entwickeln hochbegabte Schüler keine Lerntechniken – die sie dann auf den weiterführenden Schulen aber genauso brauchen wie andere. Denn Vokabeln und Grammatik z.B. muß man einfach auswendig lernen, gleichgültig ob man hochbegabt ist oder nicht. Und auch das Auswendiglernen ist eine Lerntechnik, die man nur durch Übung beherrscht.

4. Spätestens ab Klasse 5 werden fehlende Motivation, Anstrengungsbereitschaft und Lerntechniken zur Falle, denn dann kommt oft noch etwas hinzu: Das Selbstkonzept des Schülers verbietet das Lernen (vgl. Heller/Platzer 1996, S. 51), d.h.,

der Schüler hat ein Bild von sich selber, in dem er alles sehr schnell auffaßt und versteht. Lernen und Sich-Anstrengen sind nicht nötig. Die Folge sind schlechte Leistungen. Der Schüler verliert den Anschluß und jegliche weitere Motivation.

5. Zusammenfassend läßt sich sagen, daß ein hochbegabter Leistungsversager ein Schüler ist, der ohne Motivation, Anstrengungsbereitschaft und Lerntechniken immer schlechtere Leistungen erbringt, durch sein Selbstkonzept aber daran gehindert wird zu lernen und durch seine äußere Kontrollüberzeugung auch nicht das Gefühl hat, die Situation selber zu beherrschen. Alles, was mit Schule zu tun hat, erfährt er als «unüberwindliche Hürde».

Für den hochbegabten leistungsstarken Schüler hingegen gibt es in der Schule (seiner Selbsteinschätzung nach) keine unüberwindbare Hürde, er kann auf positiven Lernerfahrungen, die auch durchaus Motivation und Anstrengungsbereitschaft voraussetzen, aufbauen.

Wichtigstes Ergebnis: Auch hochbegabte Schüler müssen die Erfahrung der Motivation machen, sie müssen Anstrengungsbereitschaft aufbringen, Lerntechniken einüben und ein positives Selbstkonzept und eine innere Kontrollüberzeugung («Sie selber bestimmen das Lernen!») aufbauen.

Für Eltern und Pädagogen heißt das: Gerade bei hochbegabten Kindern bzw. Schülern müssen sie darauf achten, daß diese ein normales Lernverhalten entwickeln. Normales Lernverhalten heißt, daß sie «das Lernen lernen», denn genau das beherrschen hochbegabte Kinder häufig nicht. Dafür sind manchmal allerdings besondere Anstrengungen seitens der Lehrenden notwendig.

Kapitel 9

Lehrer

Es gibt eine ganze Reihe von Lehrern, die sich intensiv um hochbegabte Kinder kümmern. Eltern und Kinder sind sehr glücklich, wenn sie auf solche Pädagogen treffen.

Manche Lehrer allerdings zeigen sich sehr irritiert über das schnelle und keineswegs konforme Denken der hochbegabten Kinder und über ihr Stören, ihr Klassenkasper-Verhalten, ihr scheinbares Desinteresse, ihre Respektlosigkeit.

Darauf werden sie in ihrer Ausbildung meist nicht vorbereitet, es werden fast keine Seminare über hochbegabte Kinder an den Universitäten und pädagogischen Hochschulen angeboten. Und das, obwohl für die Ausbildung für ein Lehramt der Grundschule bzw. Primarstufe vorgeschrieben ist: «Die Ausbildung soll auch der Heterogenität im Lern- und Sozialverhalten der Schülerinnen und Schüler Rechnung tragen. Die entwicklungsgerechte Förderung lern-, sprach- und verhaltensauffälliger Schülerinnen und Schüler ebenso wie die Förderung besonders begabter Schülerinnen und Schüler sollen berücksichtigt werden» (Rahmenvertrag der Kultusministerkonferenz).

Für Lehrer im Schuldienst gibt es immerhin inzwischen in einigen Bundesländern Fortbildungsmaßnahmen zum Thema Hochbegabung, und es gibt auch die Möglichkeit, über die Beratungsstellen (s. n. S. und Adressen s. S. 185f.) Referenten für Vorträge und Weiterbildung an Schulen direkt zu gewinnen.

Akzeptanz des Lehrers

Wir möchten bei den Lehrern, die unser Buch lesen, für die Akzeptanz dieser Kinder werben – und dazu die Mutter eines hochbegabten Jungen zitieren, deren Sohn nach England auf ein Internat wechselte: «Er ist immer bereit, für jeden Lehrer alles zu tun, solange er das Gefühl hat, dieser Lehrer gibt ihm Zuwendung, menschliche Kommunikation. Wenn da keine ist, dann kriegen sie ihn zu nichts, dann ist er nicht bereit, irgend etwas zu tun. Er hat dort auch einen Gitarrenlehrer, und der bringt ihn dazu, innerhalb von zwei Jahren so Gitarre zu spielen, daß der Lehrer sagt: ‹Ich kann ihm nichts mehr beibringen.› Es ist jemand, der ihn herausfordert, ihm erlaubt, die Dinge auf seine Art und Weise zu lösen, und nicht nach Norm.»

Wir möchten aber nicht nur um Akzeptanz werben, wir möchten denjenigen unter unseren Lesern, die zu den Pädagogen zählen, auch Handreichungen geben.

Staatliche Beratungsstellen

In einigen Bundesländern wurden Beratungsstellen für Hochbegabte eingerichtet, meist entweder einer Schule oder einer Universität angegliedert. Dorthin können sich nicht nur Eltern, sondern auch Lehrer – oder auch beide zusammen – wenden, um eine Beratung oder Informationen zu erhalten. Diese Beratungsstellen können Ihnen auch in Fragen der Lehrerweiterbildung helfen.

Die Adressen dieser bundesrepublikanischen Beratungsstellen finden Sie im Anhang des Buches (s. S. 185f.).

Identifikations-Fragebogen einer Beratungsstelle für hochbegabte Schüler

In Schleswig-Holstein gab es von 1985 bis 1987 eine solche Beratungsstelle als Modellversuch. Die dort tätige Psychologin Renate Breitenbach entwickelte einen Lehrer-Fragebogen für die erste Identifikation (mit ganz geringen Abweichungen für Grundschule bzw. Gymnasium), den wir hier mit Genehmigung des schleswig-holsteinischen Kultusministeriums abdrucken. Was wir nicht wiedergeben, ist der genaue Vorgang der Punkteerhebung, denn es geht hier ja nicht um eine genaue Diagnostik – die kann nur ein Psychologe leisten. Aber die Fragen können Ihnen Hinweise geben, ob es sich bei dem einen oder anderen Schüler eventuell um ein hochbegabtes Kind handeln könnte.

(Falls Sie den Fragebogen mitsamt den Bewertungsskalen möchten, so wenden Sie sich bitte an die zuständige Referentin Iris Portius vom schleswig-holst. Kultusministerium, Adresse s. S. 185)

Schätzskalen zum Erfassen des Verhaltens begabter und interessierter Schülerinnen und Schüler in der Grundschule (im Gymnasium).

Datum

Name des Kindes

Alter

Geschlecht

Schule

Klasse

Name des Lehrers

Wie lange kennen Sie das Kind bereits?

I. Interessen, Leistungen

1. Ist besonders interessiert an:

Deutsch	☐	(Gymnasium: Deutsch	☐	Sport	☐
Mathematik	☐	Mathematik	☐	Musik	☐
Heimatkunde	☐	Fremdsprachen	☐	Geschichte	☐
Kunst	☐	Physik	☐	Kunst	☐)
Religion	☐	Chemie	☐		
Sport	☐	Biologie	☐		
Musik	☐	Religion	☐		

2. Ist besonders leistungsstark in:

Deutsch	☐	(Gymnasium: Deutsch	☐	Sport	☐
Mathematik	☐	Mathematik	☐	Musik	☐
Heimatkunde	☐	Fremdsprachen	☐	Geschichte	☐
Kunst	☐	Physik	☐	Kunst	☐)
Religion	☐	Chemie	☐		
Sport	☐	Biologie	☐		
Musik	☐	Religion	☐		

	stimmt	stimmt nicht	nicht bekannt
3. Hat (Gymnasium: soweit bekannt) auffallende Interessen in Bereichen, die nicht in der Schule abgedeckt werden.	☐	☐	☐
4. Erbringt in diesen Bereichen überdurchschnittliche Leistungen.	☐	☐	☐
5. Folgende Bereiche werden von dem Schüler/ der Schülerin privat behandelt:		_____

II. Lernverhalten, Denkfähigkeit

	kaum	manchmal	häufig	fast immer
1. Verfügt über ein für sein/ihr Alter breites und vielfältiges Wissen.	☐	☐	☐	☐
2. Besitzt einen für sein/ ihr Alter umfangreichen Wortschatz.	☐	☐	☐	☐
3. Drückt sich gewandt aus.	☐	☐	☐	☐
4. Formuliert präzise.	☐	☐	☐	☐
5. Merkt sich neue Informationen rasch.	☐	☐	☐	☐
6. Entnimmt aus Texten, Experimenten o.ä. neue Informationen selbständig.	☐	☐	☐	☐
7. Verwendet vorhandene Informationen selbständig in neuen Zusammenhängen.	☐	☐	☐	☐
8. Erkennt und formuliert Problemstellungen.	☐	☐	☐	☐
9. Plant Lösungswege.	☐	☐	☐	☐

	kaum	manchmal	häufig	fast immer
10. Kombiniert Lösungs- schritte bei Bedarf neu.	☐	☐	☐	☐
11. Lernt rasch aus Fehlern.	☐	☐	☐	☐
12. Erkennt Analogien.	☐	☐	☐	☐
13. Bildet selbst Analogien.	☐	☐	☐	☐
14. Schließt aus bekannten Tatsachen auf eine allge- meingültige Aussage.	☐	☐	☐	☐
15. Zieht aus einer allgemein- gültigen Regel spezifische Schlüsse.	☐	☐	☐	☐
16. Beobachtet genau.	☐	☐	☐	☐
17. Liest viel und vor allem Bücher, die für (Grund- schule) viel ältere Kinder oder für (Gymnasium) Erwachsene gedacht sind.	☐	☐	☐	☐
18. Gymnasium: Hat großes Interesse an Sachbüchern.	☐	☐	☐	☐

III. Motivation

	kaum	manchmal	häufig	fast immer
1. Beschäftigt sich lange Zeit mit der Lösung eines Problems.	☐	☐	☐	☐
2. Wird durch Übungs- aufgaben gelangweilt.	☐	☐	☐	☐
3. Braucht kaum Lob oder andere Verstärker, um eine Aufgabenstellung durchzuführen, die ihn/ sie interessiert.	☐	☐	☐	☐

	kaum	manchmal	häufig	fast immer
4. 1. Führt Erfolg bei der Lösung einer Aufgabe zurück auf:				
a) eigene Fähigkeiten;	☐	☐	☐	☐
b) Anstrengung.	☐	☐	☐	☐
2. Führt Erfolg nicht zurück auf:				
a) Aufgabenschwierigkeit;	☐	☐	☐	☐
b) Zufall.	☐	☐	☐	☐
5. Versucht, Aufgaben so perfekt wie möglich zu lösen.	☐	☐	☐	☐
6. Äußert Kritik an dem Ergebnis seiner Anstrengung.	☐	☐	☐	☐
7. Möchte selbständig mit möglichst wenigen Anweisungen arbeiten.	☐	☐	☐	☐
8. Ist selbstbewußt.	☐	☐	☐	☐

IV. Kreativität

	kaum	manchmal	häufig	fast immer
1. Stellt Fragen, die zu neuenAspekten eines Problems führen.	☐	☐	☐	☐
2. Produziert eine Vielzahl von Ideen zu oder Lösungen von Problemen.	☐	☐	☐	☐
3. Produziert ungewöhnliche oder neuartige Problemlösungen, bei denen vorhandenes Wissen neu kombiniert wird.	☐	☐	☐	☐
4. Äußert ungewöhnliche Meinungen und kann sie glaubwürdig vertreten.	☐	☐	☐	☐

	kaum	manchmal	häufig	fast immer
5. Spielt verschiedene Möglichkeiten einer Problemlösung in Gedanken durch.	☐	☐	☐	☐
6. Hat einen ausgeprägten Sinn für Humor.	☐	☐	☐	☐
7. Sieht Situationen als lustig an, die von anderen nicht so empfunden werden.	☐	☐	☐	☐
8. Akzeptiert für sich selbst Verhaltensweisen, die eher für das andere Geschlecht als typisch gelten.	☐	☐	☐	☐
9. Ästhetische Aspekte eines Produkts oder einer Problemlösung sind ihm / ihr sehr wichtig.	☐	☐	☐	☐

V. Soziale Fähigkeiten

	kaum	manchmal	häufig	fast immer
1. Beschäftigt sich mit Begriffen wie Recht und Unrecht oder Gut und Böse.	☐	☐	☐	☐
2. Bildet sich häufig eine von der Mehrheit abweichende Meinung.	☐	☐	☐	☐
3. Hat keine Angst davor, sich von anderen zu unterscheiden.	☐	☐	☐	☐
4. Stellt Meinungsäußerungen und Verhaltensweisen von «Autoritäten» kritisch in Frage.	☐	☐	☐	☐
5. Übt konstruktive Kritik.	☐	☐	☐	☐

	kaum	manchmal	häufig	fast immer
6. Verhält sich Lehrern und Mitschülern gegenüber kooperativ.	☐	☐	☐	☐
7. Ist bereit, Verantwortung zu übernehmen.	☐	☐	☐	☐
8. Ist bei der Durchführung übernommener Aufgaben zuverlässig.	☐	☐	☐	☐
9. Kommt mit Gleichaltrigen und Erwachsenen gut aus.	☐	☐	☐	☐
10. Kann sich an neue Situationen gut anpassen.	☐	☐	☐	☐

Empfehlenswerte Literatur für Lehrer

Nicht zuletzt gibt es eine ganze Reihe pädagogischer Literatur, die sich aus Lehrersicht dem Thema Hochbegabung widmet. Wir stellen Ihnen «Einstiegsliteratur» vor, im Anhang finden Sie weitere Empfehlungen.

Als *wichtigste Literatur für Lehrer* weist der Diplom-Pädagoge Norbert Anton von der Deutschen Gesellschaft für das hochbegabte Kind auf folgendes Buch hin:

• *Besonders* begabt – besonders *begabt*, Akademiebericht von 1994, ein umfangreicher Reader, den die Akademie für Lehrerfortbildung in Dillingen in Zusammenarbeit mit dem Staatsinstitut für Schulpädagogik zusammengestellt hat. Dort (Adresse s. S. 184) oder im Buchhandel für DM 30,– zu beziehen.

Einige *pädagogische Zeitschriften* haben *Sonderhefte* zum Thema herausgebracht:

- «Beispiele», Sonderheft «Hochbegabung», 14. Jg., März / April 1996, Heft 1, Friedrich Velber Verlag und Niedersächsisches Kultusministerium.
- «Grundschule», Sonderheft «Besondere Begabungen», 28. Jg., Mai 1996, Heft 5.

Das *Staatsinstitut für Schulpädagogik* in München (Adresse s. S. 184) hat *Broschüren* entwickelt, die von Lehrern des gesamten Bundesgebiets angefordert werden können:

- «Überspringen einer Jahrgangsstufe als Fördermaßnahme für besonders begabte Schülerinnen und Schüler».
- «Pluskurse» (gibt es nur in Bayern).
- Eine Zusammenstellung öffentlicher Fördereinrichtungen für besonders begabte Schülerinnen und Schüler in dem Band «Schulberatung».

Wer sich für den *neuesten Stand der wissenschaftlichen Forschung* zum Thema Hochbegabung interessiert, dem möchten wir die Dokumentation einer hochkarätig besetzten Tagung empfehlen, die vom 26. bis 28. Juni 1998 in Bad Boll stattfand. Die Tagung widmete sich folgenden Aspekten:

- Diagnose und Unterricht in der Bundesrepublik,
- aktuelle weltweite Forschungsschwerpunkte,
- internationaler Vergleich der Ausbildung von begabten Kindern.

Die Dokumentation ist ab Frühjahr 1999 unter dem Titel «Vom Potential zur Leistung – Erkennen, Anerkennen und Fördern von Hochbegabten», herausgegeben von der Evangelischen Akademie Bad Boll (Klett Verlag), im Buchhandel erhältlich.

Kapitel 10

Förderung in der Schule

Es gibt mittlerweile viele Möglichkeiten, den Unterricht bereits in der Grundschule – und natürlich auch danach – so zu gestalten, daß hochbegabte Kinder motiviert sind. Wir möchten in diesem Kapitel die gängigsten Fördermethoden vorstellen. Dazu gehört auch das Springen, das sich als eine sehr wirkungsvolle Maßnahme erwiesen hat.

Ist ein hochbegabtes Kind am Ende der vierten Grundschulklasse angelangt, verbessert sich seine Situation sehr häufig – falls sie vorher nicht zufriedenstellend war. Denn jetzt wird es mit großer Wahrscheinlichkeit das Gymnasium besuchen, und dort trifft es auf die besten Schüler, und manchmal auch auf ein anderes hochbegabtes Kind. Wie Werner Thomas in seinem positiven Bericht über seine Familie mit drei hochbegabten Kindern schreibt: «Für manche hochbegabte Kinder verschwindet im Gymnasium das ausgeprägte Gefühl, ganz anders zu sein als alle anderen Kinder» (Thomas 1997, S. 152).

Übersicht der schulischen Fördermöglichkeiten
für hochbegabte Schüler

Akzeleration (Beschleunigung)
Akzeleration bedeutet, daß ein hochbegabter Schüler die Schule schneller durchläuft, und zwar indem er:
• frühzeitig eingeschult wird (s. S. 110ff.),
• eine oder mehrere Klassen überspringt (s. u.),
• am Fach-Unterricht höherer Klassen teilnimmt (s. S. 153f.),
• eine D-Zug-Klasse besucht (s. S. 155).

Enrichment (Anreicherung)
Enrichment heißt Erweiterung und Vertiefung des zu vermittelnden Stoffes, das geschieht:
• im normalen Unterricht durch Binnendifferenzierung, offenen und individuellen Unterricht (s. S. 156ff.),
• im freiwilligen Zusatzunterricht in Extra-Fächern, Arbeitsgemeinschaften, Seminaren, Zirkeln, Korrespondenzzirkeln, Sommercamps, Schüler-Akademien, Wettbewerben, im Förder-Unterricht und in Seminaren für Teilnehmer an Wettbewerben in Plus-Programmen (s. S. 157f.),
• beim Besuch einer Hochbegabten-Klasse, s. S. 155 oder einer Hochbegabten-Schule, s. S. 159ff.).

Springen («Vorversetzung»)

Die häufigste Methode, hochbegabte Kinder zum Lernen zu motivieren, ist das Springen. Denn in diesem Fall müssen sie in kurzer Zeit fehlenden Stoff aufholen und dürfen im schnelleren Lerntempo der höheren Klassen weiterlernen. Viele Schüler fühlen sich deshalb nach dem Springen zum ersten Mal in ihrer gesamten Schulkarriere herausgefordert, ihr oft nicht sehr ausgeprägtes Selbstbewußtsein wird gestärkt, und häufig entwickeln sich die Kinder auch emotional sprunghaft weiter.

Springen motiviert

Clemens Metz z.B. wurde eingeschult und konnte nach zwei Wochen lesen, Folge war, daß er nach Angaben der Lehrerin im Unterricht nur schlief. Daraufhin wurde er getestet und besuchte anschließend nicht das zweite, sondern das dritte Schuljahr. Seine Mutter ist begeistert von dem Erfolg: «Und dort hat er sich sofort eingefunden, hat also innerhalb von vier Wochen den Stoff der zweiten Klasse nachgeholt, hat sich sozial sehr viel wohler gefühlt, bekam, was er vorher nicht hatte, Kontakt mit Klassenkameraden und war voll integriert.»

Auch Adrien Pfeuffer, der schon vor der Schule im Tausenderbereich rechnete, war froh, eine höhere Klasse besuchen zu dürfen. Er lernte auch ohne Schwierigkeiten während der Weihnachtsferien des ersten Schuljahres die Schreibschrift, um danach in die zweite Klasse zu wechseln. Voraussetzung für diese geglückte Vorversetzung war das Engagement der Klassenleiterin, erinnert sich die Mutter. «Die Lehrerin sagte zu mir, sie übernähme ihn nur, wenn ich eng mit ihr zusammenarbeite, weil sie solch ein Kind noch nicht hatte. Er schien ihr unheimlich zu sein. Ich habe ihr das auch versprochen, habe sie jeden Tag angerufen, aber sie sagte nachher, das bräuchte ich gar nicht mehr.» Schwierigkeiten hatte Adrien nur in der Feinmotorik, d. h. beim Schreiben, er schrieb zu langsam für einen Zweitkläßler. Das löste die Lehrerin, indem sie die Arbeitsblätter für ihn fertig ausfüllte oder von der Tafel zu Ende abschrieb, wenn er zu langsam war. «Und er hat sich sehr wohl gefühlt», resümiert Renate Pfeuffer.

Sogar Eltern, die unsicher sind, wundern sich, wie positiv sich das Springen auf ihr Kind auswirken kann. Nach massiven Schwierigkeiten hatte Familie Most Laura testen lassen, der Psychologe riet zum Springen. Mit vielen Zweifeln gaben die Eltern ihre Tochter in die nächsthöhere Klasse auf eine andere Schule. «Laura hatte dort endlich das Gefühl, zwar nicht sie selber, aber anonym zu sein», sagte Petra Most erleichtert über die richtige Entscheidung, «weil es in der Schule vorher die große Häme von den anderen Kindern gab. Die sagten manchmal: ‹Haha, die Laura kann ja auch mal was Falsches sagen!›»

Springen ist sinnvoll

Weil das Springen eine der besten Maßnahmen zur Motivation hochbegabter Schüler ist, hat die Realschullehrerin Dr. Annette Heinbokel von 1980 bis 1990 eine Untersuchung über das Springen an niedersächsischen Schulen erstellt, deren Ergebnisse sicherlich problemlos auf die Schulen aller anderen Bundesländer übertragbar sind. Hier das Resultat in Kürze (vgl. Heinbokel 1996):

- 90 Prozent der Schüler springen in der Grundschule, und zwar meist in der ersten und zweiten Klasse zur Zeugnisvergabe oder zu den Herbstferien. 10 Prozent springen im Gymnasium, und zwar gleichmäßig verteilt über die Klassen 7 bis 10. Statt Überspringen der 11. Klasse wählen die Schüler in der Regel ein Jahr Auslandsaufenthalt.

- Bei etwas mehr als 50 Prozent der Fälle geschieht das Springen auf Anregung der Schule, in 25 Prozent initiieren es die Eltern, in 15 Prozent geht es von Schule und Elternhaus aus, nur selten von einem Schüler selber.

- In nur zwei von 311 Fällen erwies sich das Springen als Fehler, einmal paßten Kind und Lehrerin nicht zusammen, einmal verhielt sich der Junge zu kleinkindhaft.

Kritik von seiten der Schule gab es zwar auch bei anderen Springern – vor allem dann, wenn die Eltern das Springen anregten –, aber Eltern und Kind hielten es dennoch für richtig.

Schwierigkeiten traten vor allem bei Jungen auf, und zwar im Sozialverhalten. Leistungsprobleme entstanden so gut wie nie, kein Springer blieb sitzen.

Die Ergebnisse der Untersuchung sind eindeutig: Das Springen ist tatsächlich eine empfehlenswerte Möglichkeit, die Probleme hochbegabter Kinder zu vermindern bzw. sie zu beseitigen.

Wie setzen Eltern das Springen durch?

Wird das Springen von der Schule initiiert, können Eltern davon ausgehen, daß die Lehrer alles nur Mögliche tun werden, damit der Schüler damit zurechtkommt.

Kommt die Anregung zum Springen von den Eltern, passiert es manchmal, daß sie abgewiesen werden, und zwar mit Argumenten wie: Das Kind könnte nach dem Springen sozial isoliert sein, später als seine Klassenkameraden in die Pubertät kommen und schlechtere Leistungen erbringen. Es gibt sogar Direktoren, die es prinzipiell ablehnen und Sätze sagen wie: «An meiner Schule ist noch kein Schüler gesprungen, und es wird auch keiner springen.»

Wie Dr. Annette Heinbokel nachgewiesen hat, sind die Vorbehalte gegenüber dem Springen nicht berechtigt. Fast alle Pädagogen, Eltern und Springer sind mit ihrer Entscheidung auch im nachhinein sehr zufrieden. Dennoch geschieht es weniger häufig, als Eltern und Kinder das wünschen.

Wir möchten Ihnen hier einige Erfahrungen von Eltern mit dem Springen wiedergeben, damit Sie sehen, wie es sich – eventuell an einer anderen Schule – realisieren läßt.

Eine Klasse höher an einer anderen Schule

Lucas Schulz störte und war frech, Lucas langweilte sich – und zwar bereits in der ersten Klasse, seine mathematischen Fähigkeiten lagen mindestens zwei Klassen über denen seiner Mitschüler. Daraufhin stellten die Eltern einen Antrag auf Vorversetzung, den die Klassenlehrerin aber ablehnte, mit der Begründung, daß Lucas zwar mathematisch weiter sei als die anderen, aber im Sozialverhalten Defizite zeige. Lucas wurde getestet und als hochbegabt eingestuft, dennoch lehnte die Lehrerin, die gleichzeitig Schulleiterin war, das Springen ab. Familie Schulz wandte sich an das Schulamt. Das schickte Lucas zum Schulpsychologen, der sich das Kind aber gar nicht persönlich anschaute. Bettina Schulz wandte sich an die DGhK, die riet, eine andere Schule für Lucas zu suchen. Der Direktor der Schule des Nachbarortes war sofort bereit dazu. Das Schulamt segnete das Ganze ab. Und Lucas, obwohl sonst sehr telefonscheu, rief sofort den Direktor der neuen Schule an und fragte, ob er schon probeweise kommen dürfe. «Ich glaube, ich wußte gar nicht, wie wichtig es für ihn war», berichtet die Mutter, «bis zu diesem Moment. Das merkte ich auch an der Entscheidung «Gehst du in diese fremde Schule in den anderen Ort?» – ‹Jawohl, das mach ich!›, obwohl er sonst so schüchtern war. Und dann ging der Wechsel ganz abrupt, die Direktorin der alten Schule meinte: ‹Also wenn Sie eine Genehmigung haben, ab morgen geht das Kind dann da rüber. Ich will ihn keinen Tag länger hier mehr sehen.› Er ging dann am nächsten Tag in die neue Schule und in die neue Klassenstufe. Da wurde gleich eine Mathearbeit geschrieben, und der Lehrer sagte: ‹Na, ja, er schreibt sie halt mit, aber ich laß sie dann nicht gelten.› Und dann hatte Lucas die einzige Eins. Da war er natürlich happy. Der Lehrer sagte dann: ‹Oh, das scheint ja wirklich kein Problem zu sein.›»

Die Lehrerin verhindert das Springen

Alexandra Müller war zu Hause aggressiv und in der Schule demotiviert, schlampig und machte Flüchtigkeitsfehler. Ihre Lehrerin verbot ihr Fleißaufgaben, sie setzte sie an den «Büßertisch» und beschwerte sich bei den Eltern darüber, daß Alexandra so schnell und sie ihr unheimlich wäre. Um ihre Unterforderung zu beenden, versuchten die Eltern, Alexandra springen zu lassen. Doch sie waren ohne Chance gegen die Lehrerin, die dem Kind gegenüber geäußert hatte: «Dir muß ja der Kopf vor lauter Klugheit leuchten, oder warum machst du so viele Fehler, wenn du so klug bist, wie deine Mutter sagt.» Die Lehrerin verhinderte, daß die Schulpsychologin sich allein mit den Eltern oder dem Mädchen unterhalten konnte, auch ein Gutachten eines anderen Psychologen über die Hochbegabung überzeugte weder die Lehrerin noch die Rektorin. «Die Lehrerin hat sie im Endeffekt – so sieht es für mich aus – gemobbt», meint Alexandras Mutter. «Sie wollte ihr damit beweisen, daß sie nicht hochbegabt ist. Sie ist eigentlich eine sehr engagierte Lehrerin, aber sie kommt mit selbstbewußten Kindern, die etwas hinterfragen, die wissen, was sie wollen, nicht klar.

Uns war das mit dem Springen eigentlich gar nicht so wichtig. Wir wollten, daß sie wieder Spaß hat an der Schule.»

Alexandra wechselte erfolgreich in eine andere Schule – in die gleiche Klassenstufe, aber zu einer Lehrerin, die sie mochte.

Springen nur zur Probe

Familie Peetz versuchte, ihren Sohn von der zweiten in die dritte Klasse springen zu lassen. Das wurde abgelehnt, daraufhin suchten sie eine neue Schule für ihn. Die Direktorin dort gestattete aber nur einen probeweisen Besuch der nächsthöheren Klassenstufe. Dort wurden Klassenarbeiten geschrieben, die er aus Erfahrungs- und Zeitmangel nicht gleich so löste, wie die Lehrerin das erwartete. Nach einer Weile fielen sie zwar besser aus, «doch dann hieß es, das schaffe er psychisch und sozial nicht», ärgerte sich die Mutter. «Jetzt waren es auf einmal nicht mehr die Klassenarbeiten und das Ergebnis, jetzt war es das Psychische und Soziale. Da hatte er aber in der dritten Klasse im Gegensatz zur zweiten schon einen Freund gefunden. Er hat Rotz und Wasser geheult, daß er wieder von der dritten Klasse in die zweite zurück sollte.»

Neid der Mitschüler

Es gibt eine unangenehme «Nebenwirkung» des Springens für die Kinder, die zwar selten eintritt, die wir aber nicht verschweigen wollen. Es handelt sich um die soziale Ausgrenzung des gesprungenen Kindes, der Grund hierfür ist häufig Neid, entweder von den Kindern direkt oder von den Eltern der Schulkameraden, die dieses Gefühl wiederum an ihre Kinder weitergeben. Die Außenstehenden sehen hierbei nie die Not des gesprungenen Kindes, sondern ausschließlich seine Leistungen und Verhaltensweisen, die oft nicht denen des Durchschnitts entsprechen.

Niklas Wagner ging es so, er sprang von der ersten in die dritte Klasse. «Am Anfang verursachte das keine Probleme», erzählt seine Mutter Helena Wagner. «Aber nach einiger Zeit wurde es schwierig, denn in der Klasse war ja schon eine gewisse Hackordnung, auch vom Wissen her, vorhanden. Und der Niklas war dann nach zwei, drei Monaten von den Leistungen her mit an der Spitze.

Wir haben dann Gespräche mit dem Klassenlehrer geführt, weil nach einer Weile Äußerungen wie ‹Streber› und ‹Angeber› von den Klassenkameraden kamen. Und zwar gerade von denen, die vorher an der Spitze gewesen waren. Der Lehrer meinte dann: ‹Ich habe schon befürchtet, daß so was kommt.›»

Der Lehrer sprach zwar mit den Kindern, die Niklas hänselten, und sie hielten sich auch mit ihren Äußerungen zurück, aber Freunde hatte Niklas in seiner Klasse keine. Eine Schulkameradin erklärte der Mutter, warum die Kinder solche Distanz zu Niklas hielten: «Mit dem Niklas können wir uns nicht vergleichen, wenn keiner mehr was weiß, der weiß auf jeden Fall immer weiter.»

Rechtliche Situation und Durchführung

Die rechtliche Situation ist von Bundesland zu Bundesland verschieden, eindeutig ist auf jeden Fall, daß das Springen theoretisch jedem Kind gestattet ist, wenn erwartet werden kann, daß es die Leistungen der nächsthöheren Klassenstufe erbringen wird.

Die Länder schränken das Springen allerdings häufig mengenmäßig ein, d.h. auf einmaliges Springen während der Grundschulzeit und einmaliges Springen während der nachfolgenden Schulzeit, manchmal werden auch bestimmte Klassenstufen vom Springen ausgenommen. Hamburg unterstützt das Springen dadurch, daß ein vorrückendes Kind «eine Lehrerwochenstunde als Anpassungshilfe» erhält.

Wie die Regelung in Ihrem Bundesland aussieht, erfahren Sie entweder beim Klassenlehrer Ihres Kindes, dem Direktor der Schule, Ihrem Schulamt (gehört zur Stadt-, Kreis- oder Bezirksverwaltung) oder dem Kultusministerium Ihrer Landesregierung (Adresse s. S. 184f.). Das Springen geschieht auf formlosen Antrag der Eltern an die Schule. Manchmal erfolgt es auch vollständig unbürokratisch ohne jede Antragstellung. Das hängt von der Verfahrensweise der jeweiligen Schule ab – und davon, ob Eltern oder Schule das Springen initiiert haben. Die letzte Entscheidung treffen in der Regel der Schulleiter und der Klassenlehrer der Klasse, die das Kind derzeit besucht. Der Lehrer, in dessen Klasse das Kind aufgenommen werden soll, wird in die Entscheidung ebenfalls miteinbezogen. Wechselt Ihr Kind an eine andere Schule und springt dort, so ist der formale Weg das Überspringen an der alten Schule, das müssen Sie dort – und nicht an der neuen Schule – formlos beantragen.

Wird Ihr Antrag auf Springen abgelehnt, so können Sie einen formlosen Widerspruch an die Schule und das Schulamt senden, und zwar am besten mit der Begründung, daß Sie Fehlentwicklungen vorbeugen wollen. Möchte Ihr Kind an seiner alten Schule bleiben, so sollten Sie diesen Weg zu gehen versuchen. Ist das Vertrauensverhältnis zwischen Ihnen und dem Rektor sowie dem Klassenlehrer allerdings massiv gestört, so wäre der Wechsel an eine andere Schule vermutlich doch angebracht.

Übrigens: Eine Vorversetzung auf Probe, bei der das Kind eventuell in die alte Klasse zurück muß (s. S. 151), ist rechtlich nicht abgesichert.

Teilnahme am Unterricht höherer Klassen

Das Schulrecht einiger Bundesländer ermöglicht die Teilnahme am Unterricht höherer Klassen in einzelnen Fächern.

Das läßt sich leicht verwirklichen, wenn:
- der Klassenlehrer zustimmt,
- die Stundenpläne der verschiedenen Jahrgangsstufen kompatibel sind.

Diese Maßnahme wird nicht sehr häufig praktiziert, vermutlich, weil sie wenig bekannt ist. Genauere Auskünfte über diese Förder-

maßnahme erhalten Sie an der Schule Ihres Kindes und beim Kultusministerium Ihres Bundeslandes (Adressen s. S. 184f.). Fragen Sie auf jeden Fall nach, falls Sie ein sehr fachspezifische interessiertes Kind haben!

Studium während der Schulzeit

Es gab in den letzten Jahren mehrere Schulversuche, in denen Jugendliche bereits als Schüler Universitätsseminare besuchen durften.

Einer davon findet an der Fernuniversität Hagen (Adresse s. S. 184) statt. Dort können Jugendliche der Klassen 10-13 seit August 1997 an einem Mathematikprojekt teilnehmen, bei dem Vorlesungen mit Wochenend-Workshops verknüpft werden: «Durch dieses

Projekt konnte ich meine Freude und meinen Spaß an der Mathematik wiedergewinnen», schreibt der siebzehnjährige Sebastian Döweling dazu (Döweling 1998, S. 14).

Einen ungewöhnlichen Weg ging der höchstbegabte Lutz Pelken, er begann mit 13 Jahren ein Informatik-Gaststudium an der Universität Osnabrück, ein halbes Jahr später wurde er Vollstudent, besuchte aber mit 50prozentiger Schulbefreiung weiter das Gymnasium, um sein Abitur zu machen. Denn das ist Voraussetzung für einen Hochschulabschluß (vgl. Pelken 1992, S. 3-5).

Übrigens: Gasthörer an der Universität kann jeder jederzeit werden, dafür muß man sich nur bei der entsprechenden Universität anmelden und einen Gasthörerbeitrag bezahlen.

D-Zug-Klassen und Hochbegabtenklasse

Seit 1992 gibt es in Baden-Württemberg an zunächst vier, jetzt 20 Schulen (Stand Schuljahr 1997/98) einen Schulmodellversuch «Gymnasium mit achtjährigem Bildungsgang». Das vorläufige Resümee (vgl. Heller/Rindermann 1996, S. 3–13): Alle Lehrer der achtjährigen Gymnasialklassen bewerten das Modell positiv. Der Unterricht ist anregender, wenn auch aufwendiger und schwieriger, die Schüler sind selbständiger, aktiver, interessierter und motivierter.

In Bayern wurde im Schuljahr 1998/99 zum ersten Mal eine Hochbegabtenklasse eingerichtet, und zwar am staatlichen Maria-Theresia-Gymnasium in München (Adresse s. S. 182). Sie startet im sechsten Schuljahr, der Lehrplan umfaßt den mathematisch-naturwissenschaftlichen Schwerpunkt der Schule sowie Enrichment-Programme in Biologie, vergleichender Grammatik, Informatik und Marktwirtschaft.

Binnendifferenzierung und offener Unterricht

Binnendifferenzierung heißt, daß der «Lehrer versucht, die unterschiedlichen Begabungen innerhalb eines Klassenverbandes durch unterschiedliche, leistungsangemessene Aufgaben anzusprechen und zu fördern. In der Regel werden mehrere Gruppen gebildet, die dann gleichzeitig unterschiedliche Aufgaben bearbeiten» (Mähler 1991, S. 23).

Individuelle Förderung kann aber auch so aussehen wie bei Adrien Pfeuffer: Seine Mutter wunderte sich, daß er zu Hause im Tausenderbereich rechnete, in der Schule aber über den Zehnerbereich nicht hinauskam, weil er es «offiziell nicht gelernt hat.» Darüber sprach sie mit Adriens Lehrerin: «Daraufhin hat sich die Lehrerin wirklich ganz große Mühe gegeben, und ihn parallel unterrichtet. Da war zum Beispiel Rechnen mit Geld erste Klasse bis zehn und zweite Klasse bis 100, also auch mit Scheinen und Fünfzigpfennigstücken. Da hat sie ihn gleichzeitig mit dem Mathematikbuch des ersten und zweiten Schuljahres unterrichtet.»

Leider haben nicht alle Schüler so viel Glück, manchmal bekommen sie statt ergänzendem Stoff von dem, was sie bereits gelernt haben, nur mehr. Oder der Lehrer erkennt das Bedürfnis eines Kindes nach Weitergehendem nicht. «Martin hat bis zum Schulbeginn begeistert geschrieben», erinnert sich die Mutter, «er hat die Namen all seiner Freunde aufgeschrieben, er hat bloß nicht schreiben wollen ‹Der Ball ist rot.› Oder: ‹Der Ball ist rund.› Da sagte er: ‹Was interessiert mich der Ball. Ich will über Flugzeuge schreiben. Oder über meine Freunde. Oder über den Urlaub, was ich da erlebt habe.›»

Offener Unterricht bedeutet, daß fächer-, jahrgangs-, stundenübergreifend oder in Projektform gelehrt wird. Diese Unterrichtsformen kommen durch ihre Konzentration auf bestimmte Themen allen Kindern, und insbesondere hochbegabten Kindern, sehr entgegen. Denn hierbei gibt es nur wenige Übungs- und Wiederholungsphasen, etwas, das hochbegabte Kinder oft nicht brauchen, um Gelerntes zu behalten; ihnen genügt meist, etwas einmal zu hören oder zu bearbeiten.

Freiwilliger Zusatzunterricht

Der freiwillige Zusatzunterricht wird – bis auf einige Ausnahmen – für Schüler weitergehender Schulen angeboten. Er umfaßt z.B Fremdsprachen, Computer etc.. Er hängt in erster Linie von der personellen und räumlichen Ausstattung der Schule ab.

In Bayern z. B. können in der Jahrgangsstufe 12 und 13 als «Plus-Programm» bis zu zwei zusätzliche Kurse mit jeweils zwei Wochenstunden für besonders begabte Schüler eingerichtet werden.

Auch Sachsen-Anhalt und das Saarland sind in diesem Bereich sehr engagiert, andere Länder planen, Teile der dort gemachten Angebote zu übernehmen.

Arbeitsgemeinschaften, Seminare, Zirkel

Schulübergreifend kommen interessierte Schüler in kleinen Gruppen unter Leitung eines Lehrers an zentralen Orten zusammen, die Teilnahme ist freiwillig. Im Saarland werden z.B. Mathematik, Biologie, Physik und Chemie angeboten.

Korrespondenzzirkel

Diese Zirkel gibt es bislang nur in Sachsen-Anhalt. Mehrmals jährlich werden mathematische und naturwissenschaftliche Aufgabenreihen an Schüler versandt, die auch bewertet werden. Einmal jährlich treffen sich die Teilnehmer, das sind etwa 600 Kinder aus 20 Zirkeln. Auffallend hoch ist dort die Zahl der Dritt- und Viertkläßler im mathematischen Zirkel.

Schülerakademien, Sommercamps

Meist für mehrere Ferientage kommen hier interessierte und begabte Kinder und Jugendliche (als Preisträgerinnen von Wettbewerben, nach Vorschlägen von Arbeitsgemeinschaften und Zirkeln bzw. Empfehlungen von Lehrkräften) unter Leitung von Hochschullehrern, Lehrern und Künstlern zusammen.

Organisiert werden sie entweder vom Kultusministerium des jeweiligen Bundeslandes oder bundesweit (nur für Zwölftkläßler und Abiturienten) als «Deutsche Schüler-Akademie» vom Verband «Bildung und Begabung e.V.» (Infos direkt bei «Bildung und Begabung c.V.», Adresse s. S. 184).

Wettbewerbe

Es gibt eine Menge vom Bund und den Bundesländern geförderte Wettbewerbe zu naturwissenschaftlich-technischen, geistes- und sozialwissenschaftlichen sowie musisch-kulturellen Themen. In einigen Bundesländern gibt es Förder-Unterricht für Teilnehmer an diesen Wettbewerben und Seminare für erfolgreiche Teilnehmer.

Details über die Teilnahmebedingungen finden Sie in der kostenlosen, sehr informativen Broschüre «Begabte Kinder finden und fördern» des Bundesministeriums für Bildung, Wissenschaft, Forschung und Technologie (Bezugsadresse s. S. 184), Informationen über Förder-Unterricht und Seminare erhalten Sie direkt bei den dort angegebenen Institutionen, bei der Schule Ihres Kindes bzw. bei Ihrem Kultusministerium (Adressen s. S. 184f.).

Kapitel 11

Die richtige Schule

Wenn Sie eine Schule für Ihr Kind suchen, so ist der richtige Maßstab: «anspruchsvoll, eventuell mit Schwerpunkt, der dem Interesse des Kindes entgegenkommt». Die weiterführende Schule
sollte deshalb, wenn möglich, ein Gymnasium sein.

Wir können Ihnen eine ganze Reihe von Schulen empfehlen, die
für hochbegabte Schüler geeignet sind. Einige davon bieten sich
eher für die sprachlich begabten, andere eher für die naturwissen-
schaftlich interessierten Schüler an. Die meisten finden Sie in
Großstädten, weshalb Kinder aus kleineren Orten entweder lange
Fahrtwege in Kauf nehmen oder im Internat wohnen müssen. Die
Privatschulen sind meistens sehr teuer, Sie können allerdings nachfragen, ob es Stipendien für hochbegabte Kinder gibt.

Modellversuch « Grundschule Beuthener Straße », Hannover (staatlich)

Im Schuljahr 1997 / 98 startete ein in der Bundesrepublik einzigar-
tiger, auf sieben Jahre angelegter Schulversuch, bei dem im An-
fangsjahr 22 hochbegabten Kindern aus der Kindertagesstätte der
Karg-Stiftung in Hannover ermöglicht worden ist, die ersten
Schuljahre ohne Langeweile und Unterforderung zu durchlaufen.

Die 22 hochbegabten Kinder (*alle* Kann-Kinder und auch einige der nach dem 31. Dezember Geborenen) sind hier auf vier erste Klassen verteilt, die jeweils nur 21 bis 22 Schüler und zwei (!) Lehrer haben. Der Unterricht findet als offener Unterricht in den ersten vier Stunden statt, in der fünften Stunde gibt es neun bis zehn Zusatzangebote, u.a. Experimente, Türkisch oder eine Literaturwerkstatt. Dafür wurde die Schule mit einem Labor, einer Bibliothek und den für die Zusatzstunden notwendigen Materialien ausgestattet.

Christa Hartmann, die Jugenddorfleiterin und Initiatorin des Schulmodells, ist sich sicher, «daß von diesem Versuch alle Schüler, auch die normal begabten, etwas haben», was sich bei der kleinen Klassenstärke, dem Personalschlüssel und der Ausstattung der Schule leicht vorstellen läßt. Dennoch dauerte die Suche nach einer Schule lange, denn die Elternvertreter vieler Schulen fürchteten, daß ihre Kinder im Vergleich zu den hochbegabten schlecht abschneiden könnten, und lehnten den Versuch ab. Erste Erfahrungen bestätigen Christa Hartmanns Hoffnungen: sowohl das junge, engagierte Kollegium als auch alle Schüler haben Spaß an ihrer Schule.

Wer mehr Informationen über diesen Schulversuch möchte und Interesse an den Materialien des offenen Unterrichts hat, kann sich an das Kultusministerium in Niedersachsen (Adresse s. S. 185) wenden.

Jugenddorf-Christophorus-Schulen für Hochbegabte (privat)

In Braunschweig wurde 1981 ein Förderzweig für hochbegabte Schüler ab der gymnasialen Klasse 11 eingerichtet, 1987 auf den Bereich ab Klasse 9 erweitert. Die meisten hochbegabten Kinder wohnen im angegliederten Internat. Inzwischen gibt es auch in Rostock eine Jugenddorf-Christophorus-Schule mit Förderklassen ab Klasse 9 und ebenfalls in Königswinter, die aber nur hochbegabte Schüler der Klassen 5 und 6 besonders fördert und kein Internat hat (alle Adressen s. S. 182).

Die Prinzipien des Unterrichts sind erhöhtes Unterrichtstempo, weitgehend ohne Wiederholungs- und Sicherungsphasen, Behandlung der Themen auf hohem Unterrichtsniveau und ein erweiterter Fächerkanon mit mehr als zwei Fremdsprachen (es werden Japanisch und Griechisch angeboten) und ab Klasse 12 mindestens fünf Leistungskurse (normal sind drei), wobei die meisten Schüler sieben Fächer wählen. In der Freizeit gibt es ein immenses Angebot an AGs in den Bereichen Kunst, Musik, Sport, Sprachen, Religion, Computer, Psychologie. Für alle Schüler gibt es eine psychologische Begleitung.

Ziele

Die didaktischen Ziele formuliert die Jugenddorf-Christophorus-Schule in Braunschweig in ihrer Informationsbroschüre so:

«In diesem Fördermodell soll, ausgehend von der hohen kognitiven Leistungsfähigkeit, die grundsätzlich als positiver Wert und als Stärke akzeptiert und anerkannt wird, mit dem Schüler auf allen Gebieten seiner Persönlichkeit gearbeitet werden. Durch diese Anerkennung eines bisher oft verleugneten oder belastenden Teiles seiner Persönlichkeit, seiner beson-

deren intellektuellen Begabung, erfährt der Schüler eine Wertschätzung, die sich stabilisierend auf sein Selbstkonzept auswirkt.

Es ist eine wichtige Aufgabe des Fördermodells, spitzenbegabten Schülern Selbstvertrauen und solche Einstellungen zu vermitteln, daß sie fähig werden, mit ihrer Umwelt zu interagieren und allgemein verständliche Strategien im Umgang mit den Mitmenschen zu entwickeln.

Durch den Aufbau der Persönlichkeit und die Steigerung der Selbstakzeptanz wird der Schüler befähigt, aktiv am sozialen Geschehen teilzunehmen. Darüber hinaus kann er hineinwachsen in eine ihm angemessene Rolle im gesellschaftlichen Leben wie in der Arbeitswelt. Er kann lernen, berechtigte Forderungen einzelner sozialer Gruppen oder der Gesellschaft im ganzen zu akzeptieren und ihnen zu entsprechen. Somit kommt – wie immer in der pädagogischen Arbeit – die Förderung des einzelnen in ihren Auswirkungen der Gesamtheit zugute.»

Wer sich für die Aufnahme in die Jugenddorf-Christophorus-Schule interessiert, muß an einer Kontaktwoche teilnehmen, bei der folgende Auswahlverfahren durchgeführt werden: Beurteilung durch die Lehrkräfte, Beurteilung durch die Sozialpädagogen, Intelligenz-, Leistungs-, und Motivationstest, Anamnese und Diagnose durch den Psychologen.

Englische und amerikanische Hochbegabteninternate (privat)

Einige wenige Eltern haben ihre Kinder in englische, amerikanische und französische private Internate geschickt, denn diese Schulen haben eine Hochbegabtenförderung. Die Erfahrungen sind durchweg positiv. Bedingung ist allerdings, daß das Kind in einem anderen Land und in einem Internat mit einer fremden Unterrichtssprache zur Schule gehen möchte. Darüber hinaus ist die Anerkennung der Abschlüsse an hiesigen Universitäten schwierig, denn die Schulsysteme und die Examina sind nicht direkt vergleichbar. Und das Ganze ist sehr kostspielig.

Falls Sie daran Interesse haben sollten, so wenden Sie sich bitte wegen englischer Schulen an Annelie Finis-Aust oder Judy Pliquett und wegen französischer Schulen an Renate Pfeuffer von der DGhK (Adressen s. S. 181) oder an Ihren Regionalverband. Dort erfahren Sie empfehlenswerte Adressen und Preise sowie die Namen von Familien, die Ihnen ihre Erfahrungen mitteilen können.

Montessori- und Waldorfschulen (privat)

Montessori-Schulen

Die Montessori-Pädagogik geht davon aus, daß jedes Kind von Geburt an sich nach einem ihm innewohnenden Plan die Wirklichkeit erobert, man muß ihm dafür nur eine richtige, die «vorbereitete» Umgebung anbieten. Das sind Materialien für die Übungen des praktischen Lebens, Sinnesmaterialien, Mathematikmaterialien, Sprachmaterialien, die die Kinder dann, wenn sie möchten und solange sie möchten, verwenden dürfen.

Selbstverantwortung und Individualität sind wichtige Erziehungsziele. Der in diesem Buch mehrfach zitierte niederländische Professor für Hochbegabung Franz J. Mönks empfiehlt die Montessori-Schulen, er attestiert der Montessori-Pädagogik gar einen «verborgenen Lehrplan für hochbegabte Schüler» (Mönks 1993, S. 75).

In Frankfurt/Main gibt es neben der deutschsprachigen Anna-Schmidt-Schule eine bilinguale Montessori-Grundschule mit Förderstufe. Dieser zusätzliche intellektuelle Anreiz macht die Schule für hochbegabte Kinder noch attraktiver (Adresse und Bundesverband s. S. 183).

Waldorfschulen

Waldorfschulen (Adressen s. S. 183) sind für intellektuell hochbegabte Kinder nur bedingt geeignet (Eltern wählen sie häufig als einzige private Alternative in ihrer Nähe). Der aufs Künstlerische, Musische und Handwerkliche ausgerichtete Lehrplan, der von der ersten Klasse an zwei Fremdsprachen vorschreibt, ist zwar für Kinder mit Begabungen in dieser Richtung gut, aber die Didaktik ent-

spricht nicht dem, wie hochbegabte Kinder lernen: Die Waldorf-
pädagogik ist sehr autoritär, und das Lernen in der Gruppe ist dort
wichtig. Beides bereitet kleinen, gerne selbständig und unkonven-
tionell denkenden Freigeistern große Schwierigkeiten.

Kreativitätsschulen und «Erfindergymnasium» (privat)

Kreativitätsschulen

In den Kreativitätsschulen (bis 1998/1999 nur Grundschulen,
Adressen s. S. 183) soll Kindern schon früh ein anregendes Umfeld
geboten werden, das ihnen ermöglicht, vor allem auch künstlerische Anregungen zu erhalten. Das geschieht durch kleine Klassen-
stärken, Fächer wie Schach, Computer, Tanz, Darstellendes Spiel
und Englisch sowie eine spezielle Förderung der individuellen Entwicklung. Ziel der für 1999/2000 geplanten Gymnasien ist die
Vorbereitung auf Berufe wie Unternehmer, Manager, Führungs-
kraft und auf Erfindertätigkeiten (vgl. Informationsbroschüre).
  Kreativitätsgrundschulen gibt es in Leipzig, Chemnitz und
Halle, die Gymnasien werden in Chemnitz und Halle entstehen.

«Erfindergymnasium» – das Maristengymnasium in Fürstenzell

Im tiefsten Bayern gelegen ist das Maristengymnasium in Fürstenzell (Adresse s. S. 182f.), ein humanistisches, neusprachliches und
wirtschaftswissenschaftliches Gymnasium mit Internat. Das Besondere an dieser Schule ist der Kunsterzieher Hubert Fenzl. Er

hat den Lehrplan des Faches Kunsterziehung und Werken dahingehend geändert, daß schon in der Orientierungsstufe z.B. Roboter gebaut werden und im 7. Schuljahr freies Erfinden, Konstruieren und Gestalten Lernziele sind. Darüber hinaus gibt es eine «Neigungsgruppe» für die besonders Talentierten und Motivierten, die dort Erfindungen planen und realisieren. Und hier haben Schüler bereits 15 Patente angemeldet (ihr Lehrer brachte es immerhin schon auf 12). Beim Kontakt zu Ämtern und Wirtschaft hilft dann Hubert Fenzl genauso wie beim Erfinden.

Gymnasien mit besonderen Zügen und Europäisches Gymnasium

Gymnasium mit besonderen Zügen (staatlich und privat)

In fast allen Bundesländern gibt es Gymnasien mit besonderen Zügen, d.h. mit Spezialklassen, deren Stundenplan mehr Unterricht in einem bzw. mehreren Fächern umfaßt. Häufig gibt es Aufnahmebedingungen, denn nur talentierte bzw. besonders begabte Schüler werden zugelassen. Die meisten Spezialschulen bzw. Sonderzüge sind für Sport und Musik eingerichtet, für Hochbegabte sind besonders die altsprachlichen, die künstlerischen und die naturwissenschaftlich-technischen Schulen bzw. Züge interessant. Ob es in Ihrem Bundesland solche Schulen bzw. Schulzüge gibt, können Sie direkt bei den Kultusministerien (Adressen s. S. 184f.) erfahren.

Europäisches Gymnasium (staatlich)

Dieser Schulversuch an bayerischen Gymnasien wendet sich mit drei Pflichtfremdsprachen und einer vierten Fremdsprache als Wahlfach, einem verstärkten naturwissenschaftlichen Unterricht in der Mittelstufe und einer erhöhten Wochenstundenzahl an vielseitig begabte Schüler.

Der Versuch wird in Gymnasien in zwölf bayerischen Städten (Stand 1998) durchgeführt, und zwar in Passau (G. Leopoldinum) Nürnberg (Willstätter-G.), Fürth (Helene-Lange-G.), Würzburg (Wirsberg-G.), Kastl (Ungarisches G.), Augsburg (G. bei St. Anna), Berchtesgaden (G. Berchtesgaden), Memmingen (Vöhlin-G. + Bernhard-Strigel-G.), München (Rupprecht-G.), Ebenhausen (G. der Benediktiner Schäftlarn), Schweinfurt (Celtis-G.). Genaueres beim bayer. Kultusministerium (Adr. s. S. 184).

Grundschulen mit Fremdsprachen, bilingualer Unterricht, bilinguale und fremdsprachige Schulen

Regelschulen (staatlich)

Bilingualer Unterricht bzw. eine Fremdsprache ab Klasse 1 wird inzwischen in fast allen Bundesländern angeboten, wenn auch nicht in jeder Stadt und an jeder Schule. Es gibt ihn an Grundschulen und an weiterführenden Schulen, manchmal nur an einzelnen Schulen, manchmal nur in bestimmten Fächern. Häufigste zweite Unterrichtssprache ist hierbei Englisch. Wo genau es solche Schulen, Schulzweige und Unterrichtsformen gibt, erfahren Sie bei den jeweiligen Kultusministerien (Adressen s. S. 184f.).

Hier einige Beispiele:

- In Berlin gibt es mittlerweile sechs Grundschulen, die bilingual unterrichten, und zwar in den Sprachen Deutsch/Englisch, Deutsch/Französisch, Deutsch/Russisch, Deutsch/Spanisch, Deutsch/Italienisch, Deutsch/Türkisch, in Hamburg wird sukzessive an allen Grundschulen Englisch als erste Fremdsprache eingeführt.
- In Hamburg gibt es außerdem sechs Gymnasien mit bilingualen Zügen und vier, die auf das Cambridge Certificate vorbereiten.
- In Bayern erproben Realschulen den fremdsprachigen Unterricht in Sachfächern, in Schleswig-Holstein genießen Schüler in zwölf Gymnasien englischen Erdkunde/Geschichts-Unterricht.
- In Bielefeld haben sich Schüler aus der gesamten Stadt zu einem Japanisch-Kurs zusammengefunden.

Nachfragen lohnt sich also!

Bilinguale und fremdsprachige Schulen (z. T. zwölfjährig, privat)

Für Hochbegabte ist der Unterricht in einer anderen Sprache eine Herausforderung. Es gibt eine ganze Reihe solcher Schulen, und zwar:

- Bilinguale Schulen, wie z.B. die Bilinguale Montessori-Schule in Frankfurt/Main (s.o. und Adresse s. S. 183) oder die Deutsch-Italienische Schule in Wolfsburg (Niedersachsen) oder eine Reihe von Deutsch-Französischen Schulen mit fremdsprachigen Zügen (Adressen s. S. 183).
- Europäische Schulen in Karlsruhe und München, in denen schon in den ersten vier Jahren eine Fremdsprache gelehrt wird, später findet der Unterricht z.T. in mehreren Sprachen statt (leider sind die Plätze in München fast ausschließlich Kindern von Arbeitnehmern europäischer Firmen vorbehalten, Adressen

s. S. 183). Weiterer Vorteil dieser Schulen: Sie haben eine fünfjährige Grundschule und eine siebenjährige höhere Schule und
führen nach zwölf Jahren zum Europäischen Abitur, das zum
Studium an allen EU-Universitäten berechtigt.
• Internationale Schulen mit Englisch als Unterrichtssprache
(s. unten), die für die Kinder ausländischer Mitarbeiter bzw.
Diplomaten anderer Länder eingerichtet wurden. Diese Schulen
stehen auch deutschsprachigen Kindern offen. Manche bieten
nur eine «Mittelstufe» an, andere führen z.T. in zwölf Klassen
bis zum Abitur bzw. zu einem englischen oder amerikanischen
Abschluß.

Beispielgebend: ISF Internationale Schule Frankfurt-Rhein-Main.

Ein Gespräch mit Mark Weinberg und Dr. Marie-Luise Stoll-Steffan

In der seit 1995 bestehenden ISF Internationalen Schule Frankfurt-
Rhein-Main, zu der auch ein Kindergarten gehört, stammen die
meisten Lehrer aus England oder Amerika, wo man dem Phänomen der Hochbegabung zumeist offener gegenübersteht als hier.

An der ISF gibt es außerdem ein Lehrkonzept, das den hochbegabten Schülern sehr entgegenkommt. Die ISF gehört zu der internationalen SABIS-Schul-Organisation, die weltweit ein (nur im
Fach Geschichte abweichendes) genau festgelegtes Curriculum
hat, das in wöchentliche Abschnitte gegliedert ist. So wird ab
Klasse 4 wöchentlich in Mathematik und Englisch ein Test geschrieben, der die Lernfortschritte des Wochenprogramms feststellt. Der Test wird nicht bewertet, aber auf der Basis der Ergebnisse werden die Schüler dann eventuell separat gesondert unterrichtet, entweder um Lücken aufzufüllen oder auch um Darüber-
hinausgehendes zu lernen.

Ein Lehrer der Schule und gleichzeitig Secondary School Principal, Mark Weinberg, der an der University of Connecticut, dem «Head office» des «National Research Center for the Gifted and Talented» studiert hat, und die Geschäftsführerin der Schule, Dr. Marie-Luise Stoll-Steffan, beschreiben im folgenden Interview einige Prinzipien ihrer Schule.

Beginnt Ihre Förderung Hochbegabter bereits im Kindergarten?
Weinberg: Deutsche Eltern mögen unser Programm, weil es akademisch ist, die Kinder werden intellektuell gefordert.
Stoll-Steffan: Es ist natürlich alles spielerisch, aber dennoch führen wir die Kinder an Buchstaben und Zahlen heran. Wir verwenden dafür das Letter-Land-Programm, das in den USA und Großbritannien gut bekannt ist. Wenn dabei jemand auffällt, der wesentlich weiter ist als die anderen, dann wird derjenige dahingehend gefördert, daß wir fragen: ‹Ist er überhaupt richtig hier?› Ist ein Kind z.B. fünf Jahre und kann schon sehr viel, dann würden wir vielleicht sogar den Eltern empfehlen, das Kind aus dem Kindergarten zu nehmen und in die erste Klasse zu geben.
Wir haben im Kindergarten noch etwas Besonderes, was Begabungen aufzeigt, nämlich Sprachbegabungen. Die Grundsprache im Kindergarten ist Englisch, zusätzlich wird täglich eine Stunde Deutsch gesprochen. Und wenn die Kinder in die erste Klasse kommen, können sie sich meist perfekt in zwei Sprachen ausdrücken und wissen eigentlich nicht, warum.

Wie sieht Ihr Programm für Hochbegabte aus?
Weinberg: Wir haben eigentlich kein besonderes Programm für hochbegabte Kinder. Wir verstehen das so: Wenn ein Schüler hochbegabt ist, soll er nicht gelangweilt werden. Eine Möglichkeit, schneller zu lernen, besteht im sog. Curriculum compacting. Dazu werden Vortests geschrieben. Wenn dann ein Schüler zeigt, daß er den Stoff zu 90 Prozent verstanden hat, können wir

anderes Material für ihn finden, das über das Grundkonzept hinausgeht. Diese Methode kommt aus Amerika und ist dort sehr üblich.

Darüber hinaus helfen die Schüler anderen Schülern im Rahmen des «Student life program». Denn es ist wissenschaftlich erwiesen, daß man das, was man lehrt, selber besser lernt, man kann es besser behalten. Dabei engagieren sich die Schüler als «Tutor» – nur für eine bestimmte Zeit und nur in einem bestimmten Fach, z. B. in Mathe, weil sie darin sehr gut sind. Sie lernen selber etwas dabei und können Punkte – «Merits» – sammeln, die im Zeugnis mitbewertet werden.

Stoll-Steffan: Wir testen das, was gelernt wird, nicht das, was gelehrt worden ist. Und wenn ein Schüler den Stoff schon vorher oder sehr bald vollständig beherrscht, können wir sein Lernen beschleunigen oder mit ihm tiefer in die Materie eindringen: z. B. zeigen wir Anwendungsmöglichkeiten in anderen Fächern.

Weinberg: Unsere Schule ist gut geeignet für hochbegabte Schüler, weil in vielen Schulen mittleres Anspruchsniveau besteht, unser Curriculum aber auf das obere Ende der Skala zielt. Unser Mathe- und unser Naturwissenschafts-Curriculum ist sehr anspruchsvoll. Die besseren Schüler haben also deshalb nicht so große Probleme bei uns, weil sie gefordert sind. D. h. wir haben zwar kein spezielles Programm, aber die besseren Schüler langweilen sich nicht.

Stoll-Steffan: In unserer Partnerschule in Minnesota gab es kürzlich ein Mädchen, das war mathematisch hochbegabt. Sie wollte immer mehr und mehr und mehr. Ihr wurde angeboten, den Mathematikunterricht der nächsten Klasse zu besuchen, während sie aber in ihrem eigenen Klassenverband blieb. So konnte sie in Mathematik schneller lernen.

Haben die hochbegabten guten Schüler Probleme mit anderen?
Weinberg: Nach dem, was ich gelernt und erfahren habe, haben

diese Schüler soziale Probleme in allen Klassenstufen und in allen Schulen. Man muß ihnen helfen, wie sie ihre Fähigkeiten am besten einsetzen und anderen damit helfen können.

Stoll-Steffan: Wir können sie mehr in das «Student life program» als Prefect (Vertrauens-Schüler) einbinden. Wenn jemand Probleme sozialer Art hat, kann er sich durch sein ganzes Engagement ganz schnell als Teil der Schule fühlen.

Weinberg: Wir versuchen, die Schüler am Management der Schule zu beteiligen. Sie können auf die Kinder auf dem Spielplatz oder im «Computerlab» aufpassen, anderen helfen oder z.B. aufräumen. Sie können «Ambassador» sein und neuen Schülern den Start in die Schule erleichtern. «Student life» ist ein Spiegel der schulischen Verwaltung, wir geben den Schülern Verantwortung, so daß sie lernen, verantwortlich zu sein.

Stoll-Steffan: Ein Ambassador kann sich natürlich nicht persönlich um alle Neuen in der Klasse kümmern, aber er kann dafür sorgen, daß es «Buddys» gibt, die die Sprache des neuen Schülers sprechen und die ihm helfen, sich leicht in die neue Umgebung einzufinden.

Dafür müssen Sie aber die Schüler sehr gut kennen ...
Stoll-Steffan: Natürlich, wir wollen eine Heimat sein.
Weinberg: Eine Gemeinschaft.

Kapitel 12

Freizeitprogramme für hochbegabte Kinder

Die meisten Eltern hochbegabter Kinder sind auf Regelschulen angewiesen, ihre Kinder sind somit, wenn sie nicht gerade eine Klasse übersprungen haben, intellektuell unausgelastet. Eine Möglichkeit, zumindest etwas Kompensation für den langweiligen Schulunterricht zu bieten, sind die Angebote für die Nachmittage und die Ferien.

Deutsche Gesellschaft für das hochbegabte Kind e. V.

Der Elternselbsthilfeverein bietet mehrere Veranstaltungen an: Kinderaktivitäten, Familienaktivitäten und Elternabende. Alle Termine werden von ehrenamtlichen Mitgliedern bzw. von Fachleuten organisiert und durchgeführt. Ein IQ-Test wird nicht verlangt. Die Kosten betragen oft nur den Materialbedarf bzw. das Eintrittsgeld, manchmal noch Referentenhonorare.

Zu den *Kinderaktivitäten* der letzten Jahre gehörten u. a. Spielseminare, Schreibwerkstätten, Museumsbesuche, Exkursionen, Führungen, Sommercamps, u. v. m. In Berlin gibt es darüber hinaus einen «Club für kleine Leseratten», d. h. für früh lesende Vorschulkinder (Adr. s. S. 181).

Die *Familienaktivitäten* sind ebenfalls Führungen und Exkursionen, aber auch Wanderungen, Fahrradtouren, Zoobesuche, physikalische Experimente, Familienwochenenden zum Kennenlernen und gemeinsamen Spielen.

Die *Elternabende* finden zu einem regelmäßigen Termin in einer zentralen Stadt der jeweiligen Regionalverbände statt (Adressen beim Bundesverband, s. S. 181). Dort erfahren Sie auch Adressen der Familiengruppen, die sich lokal gebildet haben und die gleiche Angebote machen.

In der *Mitgliederzeitschrift «Labyrinth»* finden sich Adressen und Termine der Regional- und Familiengruppen, Hinweise auf Seminare und Sommercamps (auch anderer Veranstalter wie Mensa und Ev. Akademie Bad Boll), neueste wissenschaftliche Veröffentlichungen und Seiten für die Jüngsten.

Jugenddorf Hannover. Betreuungs- und Begegnungsstätte der Karg-Stiftung

Im Jugenddorf Hannover gibt es neben der Kindertagesstätte und der Beratungsstelle einen Kindertreff und eine Begegnungsstätte (Adressen s. S. 181 f.).

Im Kindertreff Fantasticus finden Kurse für Kinder von 6 bis 12 Jahren statt. Die normalen Kurse laufen ein halbes Jahr, und zwar jeweils eineinhalb Stunden wöchentlich. Darüber hinaus gibt es Ferienkurse und Ferienprojekte. Sie richten sich an «Kinder, die sich in der Schule nicht ausgelastet und unterfordert fühlen oder die in ihrer Freizeit gerne neue Dinge ausprobieren wollen» (Informationsbroschüre). Das Programm umfaßt: Theater, Computer, Fotografieren, Philosophie, Arabisch, Englisch, Spanisch, Arbeitstechniken und Kreatives Schreiben. Für alle Kurse gibt es spezielle

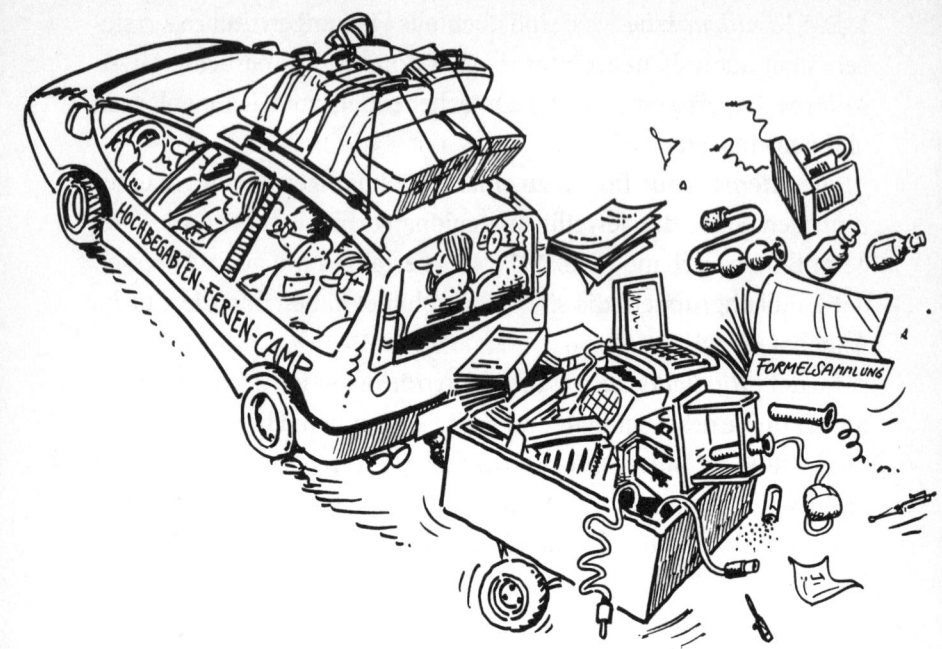

Räumlichkeiten. Die Kosten betragen ca. DM 80,– pro Kurs und Monat.

In den Abendveranstaltungen des Betreuungs- und Begegnungszentrums führen Kinder die Ergebnisse ihrer Kursarbeit vor, und es gibt kulturelle Veranstaltungen und Vorträge zum Thema Hochbegabung für interessierte Pädagogen und Eltern.

Hochbegabtenförderung e. V.

Der Verein (Adresse s. S. 181) bietet in Augsburg, Berlin, Bochum, Bremen, Duisburg, Düsseldorf, Flensburg, Hamburg, Kiel, Köln, Lübeck, München, Nürnberg, Ulm und Würzburg (Stand 1998) Kurse für begabte Kinder ab sechs Jahren an. Die Themen: Computer, Biologie, Chinesisch, Lehrfirma, Mädchenclub, Jungenclub,

Japanisch, Miniclub, Maxiclub, Kreatives Schreiben, Naturwissenschaften, Technik, Gedächtnistraining, Theater, Weltgeschichte, Mathematik/Physik. Da die Organisatoren und Kursleiter nicht ehrenamtlich arbeiten, liegen die Kursgebühren bei DM 130,– pro Monat. Die Kurse finden zweimal monatlich statt. Aufnahmebedingung ist ein IQ-Test mit einem Ergebnis von mindestens IQ 120.

Weiterhin gibt es zahlreiche Kontaktgruppen, das sind Elterngruppen, die Elternabende, Vorträge und Seminare sowie Veranstaltungen für Kinder organisieren, sowie etwa halbjährliche Informationen für Mitglieder.

Mensa e. V.

«Mensa ist ein weltweites Netzwerk ‹intelligenter› Menschen», heißt es in der Informationsbroschüre. Es gibt weltweit ca. 100 000 Mitglieder. Wer bei Mensa Mitglied werden möchte (Adresse s. S. 182), muß einen IQ-Test machen, die Chancen kann man in einem Vortest abschätzen. Mensa bietet eine regelmäßig erscheinende Mitgliederzeitschrift mit interessanten Artikeln und wichtigen Terminen, «Treffen, Seminare & Parties», zahlreiche Special Interest Groups (SIGs) mit z.T. skurrilen Themen und eine Gruppe für Kinder und Jugendliche unter dem Namen «Junior Mensa», wobei die obere Altersgrenze 18 Jahre ist.

Junior Mensa organisiert zwei- bis dreimal jährlich Treffen bzw. Camps als Wochenend- bzw. Wochenveranstaltung, wobei jeweils etwa 40 Kinder ab 12 Jahren aus dem gesamten Bundesgebiet teilnehmen. Dabei werden jeweils mehrere Schwerpunkte «bearbeitet», 1998 waren das Rhetorik, Programmieren einer Homepage, das Planspiel «Mensa Galactica» und ein Workshop «Mathematik-Olympiade» (Anmeldung und Information Adresse s. S.182).

Studienkreis. Gesellschaft für angewandte Methodik im Schulunterricht mbH

In zehn Großstädten (Adressen s. S. 182) wird seit Anfang 1993 hochbegabten Kindern im Alter von 6 bis 14 Jahren Gelegenheit zum forschenden Lernen gegeben, organisiert vom Studienkreis, einer bundesweiten GmbH für Förder- und Nachhilfeunterricht. Die Gruppen umfassen vier bis acht Kinder. Die Themen sind fächerübergreifend; wichtig ist, daß sie keinen Schulunterricht vorwegnehmen. Angeboten werden z.B. Biologie (Vogelbeobachtung), Ökologie, Philosophie, Roboter- oder Dampfmaschinenbau, Schreib- und Filmwerkstatt und natürlich Informatik/ Programmieren. Die Kurskosten liegen bei ca. DM 115,– bis DM 195,– pro Monate für wöchentlich 90 Minuten Unterricht.

Bedingung: Nicht IQ-getesteten Kindern wird, falls sie das Tempo nicht mithalten können, manchmal ein Verlassen der Kurse nahegelegt.

«Gift»-Sommerschule

Die Organisation «Gift» wurde von drei britischen Lehrern, die «neue Möglichkeiten suchten, ihre pädagogischen Vorstellungen besser verwirklichen zu können» (Pliquett 1995, S. 33), für begabte Schüler von 12 bis 17 Jahren gegründet. In zwei bzw. drei Altersgruppen aufgeteilt, widmen sich die Kinder und Jugendlichen Projekten aus allen Wissens- und künstlerischen Bereichen. Informationen erhalten Sie bei Judy Pliquett von der DGhK oder bei zwei der Organisatoren (alle Adressen s. S. 182).

Eurotalent –
Universitäres Sommer-Enrichment

Eurotalent ist eine europäische Elternvereinigung talentierter und begabter Kinder und Jugendlicher. Dieser Verein bietet unter Leitung des Kölner Professors Dr. Karl-J. Kluge und seiner Frau jährlich ein zweiwöchiges Sommercamp in wechselnden europäischen Orten für Kinder bzw. Jugendliche von 10 bis 18 Jahren an. Hierbei ist in verschiedenen Kursen forschendes Lernen angesagt, nachmittags gibt es ein Sportprogramm. Einen Erfahrungsbericht gibt es in Labyrinth 47 (Bender 1995, S. 32–33, erhältlich bei der DGhK, Adresse s. S. 181), Informationen erhalten Sie bei Eurotalent e.V. (Adresse s. S. 182).

Ausblick

Sicherlich fragen Sie sich am Ende dieses Buches, was wohl einmal aus Ihrem Kind werden wird. Aber darauf können wir Ihnen keine Antwort geben. Sicher ist nur, daß viele hochbegabte Kinder nicht erkannt werden und später als Erwachsene auf Leitungspositionen landen, als Arzt oder Wissenschaftler erfolgreich behandeln oder forschen. Die amerikanischen Psychologen Webb, Meckstroth und Tolan haben zwar festgestellt, daß «eine Person mit einem IQ von über 130 das Potential für Erfolg in fast jeder beruflichen oder sonstigen Tätigkeit» hat (1985, S. 15). Aber ob aus den hochbegabten Kindern, von deren Fähigkeiten man früh etwas weiß, tatsächlich bedeutende Ewachsene werden, hängt von so vielen Faktoren ab, daß sich der Lebensweg nicht voraussagen läßt. In einem kürzlich erschienenen Buch der amerikanischen Psychologin Ellen Winner ging sie u. a. dieser Frage nach und stellte fest:

«Bei denen, die den Sprung zum schöpferischen Erwachsenen schaffen, erweisen sich bestimmte Persönlichkeitsmerkmale als wesentlich wichtiger als ein hoher allgemeiner IQ oder eine hohe und sogar überragende domänenspezifische (d. h. fachspezifische) Befähigung. Kennzeichnend für die kreative Persönlichkeit sind Energie, Konzentrationsfähigkeit, souveränes Auftreten, Unabhängigkeit und Risikobereitschaft (Winner 1998, S. 265).»

Um aber denjenigen von Ihnen, die vielleicht zur Zeit ein schwieriges hochbegabtes Kind haben, Mut zu machen, sei hier am

Ende ganz kurz von Bill Gates, einem der erfolgreichsten Menschen der Gegenwart, erzählt (vgl. Isaacson 1997, S. 116): Als Bill Gates in der sechsten Klasse war, suchten seine Eltern psychologische Betreuung für ihn, seine Mutter kam nicht mehr mit ihm zurecht. Er räumte nicht auf, gab ihr keine Antwort auf ihre Fragen, wollte den ganzen Tag nachdenken. Nach einem Jahr sagte der Therapeut zu Bills Mutter: «Sie sollten sich besser daran gewöhnen zu verlieren, weil es überhaupt keinen Sinn hat, ihn besiegen zu wollen.» Bills Mutter akzeptierte diesen Rat.

Anhang

Adressen

Elternselbsthilfeverbände

Deutsche Gesellschaft für das hochbegabte Kind e. V. (DGhK)
Bundesgeschäftsstelle
Sondershauser Str. 80
12249 Berlin
Tel.: 0 30 / 7 11 77 18
Die Adressen der Regionalverbände
und Familiengruppen
erfragen Sie bitte dort.

Hochbegabtenförderung e. V.
Bundesgeschäftsstelle
Am Pappelbusch 45
44803 Bochum
Tel.: 02 34 / 93 56 70
Fax: 02 34 / 9 35 67 25
Handy: 01 72 / 2 08 43 94
E-Mail: hbf@geod.geonet.de
Die Adressen der lokalen Gruppen
erfragen Sie bitte dort.

Arbeitskreis Überaktives Kind (AÜK)
Beratungsstelle
Dieterichstr. 9
30159 Hannover
Tel.: 05 11 / 3 63 27 29
Fax: 05 11 / 3 63 27 72

Beratung der DGhK über ausländische Schulen

Annelie Finis-Aust
Norfer Str. 53
40221 Düsseldorf
Tel.: 02 11 / 15 28 90
Fax: 02 11 / 15 28 15

Renate Pfeuffer
Lönsstr. 8
61250 Usingen
Tel.: 0 60 81 / 1 33 70
Fax: 0 60 81 / 1 67 46

Judy Pliquett
Lenbachstr. 9
42579 Heiligenhaus
Tel. + Fax: 0 20 56 / 6 88 37

Veranstalter von Hochbegabtenprogrammen

Deutsche Gesellschaft für
das hochbegabte Kind e. V.
(s. o.)

Hochbegabtenförderung e. V.
(s. o.)

Betreuungs- und Begegnungsstätte
der Karg-Stiftung, Hannover
(s. u. Kindergarten für Hochbegabte)

Eurotalent
Postfach 10 04 36
41704 Viersen
Tel.: 0 21 62/2 46 06
Fax: 0 21 62/3 02 90

«Gift»-Sommerschule
James Hind
Gift Ltd.
5 Ditton Court Road
Westcliff-on-Sea
Essex SS07HG
Großbritannien
Tel./Fax: 00 44 17 02/30 51 75
und:
Julian Whybra
Tel./Fax: 00 44 12 77/65 42 28
(spricht deutsch)

Mensa e. V.
Junior Mensa (Information
und Anmeldung)
Heike Hefner
Friedensstr. 63
40219 Düsseldorf
Tel.: 02 11/9 30 41 58
und:
Mensa e. V.
Geschäftsstelle
Cirsten Novellino
Einsteinstr. 1
82152 Planegg
Tel.: 0 89/85 66 38 00
Fax: 0 89/8 57 48 74
E-Mail: mensa-office@mind.gun.de

Studienkreis mbH
Zentrale (für aktuelle Informationen)
Dr. Günter Habdank
Universitätsstr. 104
44799 Bochum
Tel.: 02 34/97 60-4 52
(-126 Herr Momotov, -0 61 Sekretariat)
des weiteren in: Berlin-Wilmersdorf, Bochum Mitte, Düsseldorf Mitte, Hamburg-Niendorf, Hannover Kleefeld, Kassel, München-Sendlinger Tor, Petershagen,

Stuttgart, Bad Cannstadt, Wiesbaden (die genauen Adressen entnehmen Sie bitte Ihrem Telefonbuch). Geplant: Bremen, Frankfurt

Kindergarten für Hochbegabte

Jugenddorf, Betreuungs- und Begegnungsstätte der Karg-Stiftung
Gundelachweg 7
30519 Hannover
Tel.: 05 11/87 83 90
Fax: 05 11/86 28 88
Eine weitere Kindertagesstätte der Karg-Stiftung wird voraussichtlich 1999/2000 fertiggestellt sein, Adr. in Hannover erfragen!

Grundschule für Hochbegabte

Grundschule Beuthener Straße
Beuthener Str. 23
30519 Hannover
Tel.: 05 11/1 68 91 05

Hochbegabtenklasse

Maria-Theresia-Gymnasium
Regerplatz 1
81541 München
Tel.: 0 89/4 59 92 00

Privatschulen für Hochbegabte

Jugenddorf-Christophorusschule
Cleethorpeser Platz 12
53639 Königswinter
Tel.: 0 22 23/9 22 20
Fax: 0 22 23/92 22 12

Jugenddorf-Christophorusschule
Georg-Westermann-Allee 76
38104 Braunschweig
Tel.: 05 31/7 07 80
Fax: 05 31/70 78 88

Jugenddorf-Christophorusschule
Groß Schwaßer Weg 11
18057 Rostock
Tel.: 03 81 / 8 07 10
Fax: 03 81 / 8 07 11 15

Maristengymnasium
Hubert Fenzl
Schulstr. 18
94081 Fürstenzell
Postfach 64
94079 Fürstenzell
Tel.: 0 85 02 / 9 12 00
Fax: 0 85 02 / 91 20 50

Privatschulen

Aktionsgemeinschaft deutscher
Montessori-Verein e. V.
Waldstr. 26
53177 Bonn
Tel.: 02 28 / 31 48 23

Arbeitsgemeinschaft Freier Schulen
Vereinigungen und Verbände gemein-
nütziger Schulen in freier Trägerschaft
Am Schlachtensee 2
14163 Berlin
Tel.: 0 30 / 8 01 20 79
Fax: 0 30 / 8 02 23 92

Bund der Freien Waldorfschulen e. V.
Heidehofstr. 32
70184 Stuttgart
Tel.: 07 11 / 21 04 20
Fax: 07 11 / 2 10 42 19

Bundesverband Deutscher
Privatschulen e. V.
Schulen in freier Trägerschaft
Darmstädter Landstr. 85 a
60598 Frankfurt
Tel.: 0 69 / 61 40 58
Fax: 0 69 / 62 67 63

Kreativitätsschulen
BIP Kreativitätszentrum GmbH Leipzig

Hermann-Löns-Str. 12
04454 Holzhausen bei Leipzig
Tel.: 03 42 97 / 4 21 00
Fax: 03 42 97 / 4 21 10

Fremdsprachige Schulen

Elternvereinigung der
Gymnasien mit zweisprachig deutsch-
französischem
Zug in Deutschland
Ostlandstr. 86
50859 Köln
Tel.: 02 21 / 8 26 28 11
Fax: 02 21 / 8 26 38 86

Europäische Schule Karlsruhe
Albert Schweitzer Str. 1
76139 Karlsruhe
Tel.: 07 21 / 68 30 01
Fax: 07 21 / 68 72 33

Europäische Schule München
Elise-Aulinger-Str. 83
81739 München
Tel.: 0 89 / 6 37 26 11
Fax: 0 89 / 6 37 84 18

International Bilingual Montessori School
Westendstr. 45
60325 Frankfurt
Tel.: 0 69 / 74 56 46
Fax: 0 69 / 74 56 32

ISF Internationale Schule Frankfurt
(SABIS-Schule)
Dr. Marie-Luise Stoll-Steffan
Postadresse: IHK Frankfurt
Börsenplatz 4
60313 Frankfurt
Tel.: 0 69 / 21 97 13 15
Fax: 0 69 / 21 97 14 41
E-Mail: stoll@frankfurt-main.ihk.de
oder direkt bei der Schule:
ISF
Albrecht-Blanck-Str.
65931 Frankfurt-Sindlingen

Weitere Internationale Schulen (die anderen Dachorganisationen angehören) in: Berlin, Bonn, Bochum, Düsseldorf, Dresden, Hamburg, Hannover, Köln, Leipzig, München, Oberursel, Stuttgart, Wiesbaden, Würzburg.

Universität
Fernuniversität Hagen
Fachbereich Mathematik
Günther Zepf
Infos über:
Studiensekretariat
Feithstr. 152
58097 Hagen
Tel.: 0 23 31-9 87 24 44

Institutionen
Bildung und Begabung e. V.
Wissenschaftszentrum
Postfach 20 14 48
53144 Bonn
Tel.: 02 28 / 30 22 66
Fax: 02 28 / 3 02-2 70

Bundesministerium
für Bildung, Wissenschaft,
Forschung und Technologie
Heinemannstr. 2
Referat Öffentlichkeitsarbeit (bmb + f)
53170 Bonn
Tel.: 02 28 / 5 70
Fax: 02 28 / 57 39 17
E-Mail: information@bmbf.bund400.de
(hier erhalten Sie auch kostenlos die Broschüre «Die Begabtenförderungswerke in der Bundesrepublik Deutschland» – für Studenten)

Staatsinstitut für Lehrerfortbildung
Kardinal-von-Waldburg-Str. 6
89401 Dillingen
Tel.: 0 90 71-5 30
Fax: 0 90 71-5 32 00

Staatsinstitut für Schulpädagogik
Dr. Valentin Reitmajer
Arabellastr. 1
81925 München
Tel.: 0 89-92 14 31 16
Fax: 0 89-92 14 35 59

Kultusministerien
Baden-Württemberg
Ministerium für Kultus, Jugend und Sport
Schloßplatz 4
PF 10 34 42 (70029)
70173 Stuttgart
Tel.: 07 11 / 2 79 0
Fax: 07 11 / 2 79 28 10

Bayern
Bayerisches Staatsministerium für Unterricht, Kultus, Wissenschaft und Kunst
Salvatorstr. 2
80333 München
Tel.: 0 89 / 21 86 01
Fax: 0 89 / 21 86 28 00

Berlin
Senatsverwaltung für Schule, Jugend und Sport
Storkower Str. 133
Tel.: 0 30 / 4 21 40
Fax: 0 30 / 42 14 40 01

Brandenburg
Ministerium für Bildung, Jugend und Sport
Steinstr. 104 – 106
14480 Potsdam
Tel.: 03 31 / 86 60
Fax: 03 31 / 8 66-35 95

Bremen
Der Senator für Bildung, Wissenschaft, Kunst und Sport
Rembertiring 8 – 12
28195 Bremen
Tel.: 04 21 / 36 10
Fax: 04 21 / 3 61 41 76

Hamburg
Freie und Hansestadt Hamburg
Behörde für Schule, Jugend
und Berufsbildung
Hamburger Str. 31
22083 Hamburg
Tel.: 040 / 298 80
Fax: 040 / 29 88 28 83

Hessen
Hessisches Kultusministerium
Luisenplatz 10
65185 Wiesbaden
Tel.: 06 11 / 36 80
Fax: 06 11 / 3 68 20 99

Mecklenburg-Vorpommern
Kultusministerium des Landes
Mecklenburg-Vorpommern
Werderstr. 123
19055 Schwerin
PF
19048 Schwerin
Tel.: 03 85 / 58 80
Fax: 03 85 / 58 70 82

Niedersachsen
Niedersächsisches Kultusministerium
Schiffgraben 12
30159 Hannover
Tel.: 05 11 / 12 00
Fax: 05 11 / 1 20 74 50

Nordrhein-Westfalen
Ministerium für Schule und
Weiterbildung des
Landes Nordrhein-Westfalen
Völklinger Str. 49 a
40221 Düsseldorf
Tel.: 02 11 / 8 96 03
Fax: 02 11 / 8 96 32 20

Rheinland-Pfalz
Ministerium für Bildung,
Wissenschaft und Weiterbildung
des Landes Rheinland-Pfalz
Mittlere Bleiche 61

55116 Mainz
Tel.: 0 61 31 / 1 61
Fax: 0 61 31 / 16 29 97

Saarland
Ministerium für Bildung, Kultur
und Wissenschaft
Hohenzollernstr. 60
66117 Saarbrücken
Tel.: 06 81 / 50 31
Fax: 06 81 / 50 32 91

Sachsen
Sächsisches Staatsministerium
für Kultus
Postfach 10 09 10
01076 Dresden
Tel.: 03 51 / 56 40
Fax: 03 51 / 5 64 28 87

Sachsen-Anhalt
Kultusministerium des Landes
Sachsen-Anhalt
Turmschanzenstr. 32
39114 Magdeburg
Tel.: 03 91 / 5 67-01
Fax: 03 91 / 5 67 76 27

Schleswig-Holstein
Ministerium für Bildung, Wissenschaft,
Forschung und Kultur
Bereich Bildung –
Iris Portius
Gartenstr. 6
24103 Kiel
Tel.: 04 31 / 98 80
Fax: 04 31 / 9 88 25 96

Thüringen
Thüringer Kultusministerium
Werner-Seelenbinder-Str. 1
99096 Erfurt
Tel.: 03 61 / 3 79 00
Fax: 03 61 / 3 79 46 90

Beratungsstellen

Bonn
Jugenddorf-Christophorusschule
Hans-Joachim Gardyan
Cleethorpeser Platz 12
53639 Königswinter
Tel.: 0 22 23 / 9 22 20

Braunschweig
Jugenddorf-Christophorusschule
Georg-Westermann-Allee 76
38104 Braunschweig
Tel.: 05 31 / 7 07 80
Fax: 05 31 / 70 78 88

Hamburg
Beratungsstelle besondere Begabungen
Hammer Steindamm 42
22089 Hamburg
Tel.: 0 40 / 20 98 94 90
Fax: 0 40 / 20 98 94 99

Beratungsstelle der Arbeitsgruppe
für Bildungsforschung
im Psychologischen Institut II
der Universität Hamburg
Von-Melle-Park 5
20146 Hamburg
Tel.: 0 40 / 31 23-54 64, -65, -66
Tel. Sprechstunde
Mittwoch, 14–16 Uhr

Hannover
Jugenddorf, Betreuungs-
und Begegnungsstätte
der Karg-Stiftung
Christa Hartmann
Gundelachweg 7
30519 Hannover
Tel.: 05 11 / 87 83 90
Fax: 05 11 / 86 28 88

München
Begabtenpsychologische Beratungsstelle
an der Universität München
Leopoldstr. 13
80802 München

Tel.: 0 89 / 21 80 63 33
Fax: 0 89 / 21 80 51 50
Wiss. Leitung: Prof. Dr. Kurt A. Heller
Privatdozent Dr. Eberhard Ebeling

Rostock
Jugenddorf-Christophorusschule
Katrin Prante
Groß Schwaßer Weg 11
18057 Rostock
Tel.: 03 81-80 71-0
Fax: 03 81-8 07 11 15

Tübingen
Psychologisches Institut der
Universität Tübingen
Dr. Aiga Stapf
Arbeitsgruppe Begabungs-
und Persönlichkeitsentwicklung
Friedrichstr. 21
72072 Tübingen
Tel.: 0 70 71 / 2 97 24 12

Versender und Verlage

ekz (Videos)
Bismarckstr. 3
72764 Reutlingen
Tel.: 0 71 21 / 14 40
Fax: 0 71 21 / 14 42 80

Jako-O (Spielwaren)
Postfach 11 50
96473 Rodach
Tel.: 0 18 05 / 31 31 28
Fax: 0 95 64 / 92 93 29

Klett Verlag (Lernspielprospekt)
Klett-Bestell-Service
Postfach 10 60 16
70049 Stuttgart
Tel.: 07 11 / 66 72 13 33
Fax: 07 11 / 66 72 20 80

Widmaier (Spielwaren)
Waldstr. 36
73773 Aichwald-Aichschieß
Tel.: 07 11 / 93 63 70
Fax: 07 11 / 9 36 37 50

Empfohlene Literatur

Für Eltern, die Rat suchen

Bundesministerium für Bildung, Wissenschaft, Forschung und Technologie: Begabte Kinder finden und fördern. Ein Ratgeber für Eltern und Lehrer, Bonn 1996
Vor allem für Eltern von Schülern unentbehrlich, weil sich darin die einzige komplette Übersicht über die bundesrepublikanischen Schülerwettbewerbe befindet. (Kostenlos erhältlich, Adresse s. S. 184)

Deutsche Gesellschaft für das hochbegabte Kind (DGhK): Mein Kopf ist frei, Münster 1998/19999
In diesem Sammelband äußern sich hochbegabte Kinder und Jugendliche selber zu ihrem Leben und ihren Wünschen. Die Geschichten und Bilder entstanden im Rahmen eines Wettbewerbs der DGhK, die besten Arbeiten sind hier zusammengestellt.

Deutsche Gesellschaft für das hochbegabte Kind e.V.: Leben mit hochbegabten Kindern, Berlin 1997
Empfehlenswerte Informationsbroschüre der DGhK, die alle wichtigen Aspekte rund um das hochbegabte Kind anspricht.

Franz J. Mönks/Irene H. Ypenburg: Unser Kind ist hochbegabt. Ein Leitfaden für Eltern und Lehrer, München/Basel 1993
Franz J. Mönks hat den Lehrstuhl «Entwicklung des hochbegabten Kindes» der niederländischen Universität Nijmegen inne und leitet das dortige Zentrum für Begabungsforschung, außerdem ist er Präsident der Europäischen Vereinigung für das hochbegabte Kind. Yrene H. Ypenburg ist Publizistin und Herausgeberin von Grundschulunterrichtsmaterial. Dieser gut verständliche Ratgeber basiert auf jahrelanger Forschungs- und Beratungsarbeit.

Werner Thomas: Mein Kind ist hochbegabt. Außergewöhnliche Begabung erkennen und fördern, Düsseldorf 1997
Unter Pseudonym schreibt hier ein Vater dreier hochbegabter Kinder über das – unserer Meinung nach erstaunlich problemlose – Familien- und Kinderleben. Für Eltern von «einfachen» hochbegabten Kindern.

Zum Mythos Wunderkind

Toni Meissner: Wunderkinder, Frankfurt (Main)/Berlin 1991 und München 1993
Der Journalist geht hier – recht unterhaltsam – den Legenden und Mythen um kindliche Genies aus den letzten Jahrhunderten nach. Für alle.

Gerhard Prause: Genies in der Schule. Legende und Wahrheit über den Erfolg im Leben, Düsseldorf 1987
Der Zeit-Redakteur zeigt an 100 Beispielen, daß im Leben erfolgreiche Erwachsene in der Schule keineswegs immer gut waren – sie decken dort das gesamte Leistuangsspektrum ab: von ganz schlecht bis überdurchschnittlich gut. Für alle.

Zum Thema Kindergarten

Klaus K. Urban: Besonders begabte Kinder im Vorschulalter. Grundlagen und Ergebnisse pädagogisch-psychologischer Arbeit, Heidelberg 1990
Der Autor ist Erziehungswissenschaftler. Sein Buch ist ein ausführlicher Bericht über das Modellprojekt Kindertagesstätte im Jugenddorf Hannover. Für Erzieherinnen.

Zum Thema Schule

Barbara Feger: Hochbegabung. Chancen und Probleme, Bern/Stuttgart/Toronto 1987
Die Autorin hat an der Universität Aachen Seminare zum Thema «Hochbegabte Schüler» veranstaltet und 1993 die Hamburger Beratungsstelle für Hochbegabtenprobleme gegründet. Intention ihres Buches ist, Definition, Entwicklung und Probleme der Hochbegabung darzustellen. Für Lehrer.

Annette Heinbokel: Hochbegabte. Erkennen, Probleme, Lösungswege, Münster 1996
Die Autorin ist Realschullehrerin und promovierte Diplompädagogin. Sie zeigt in diesem vielgefragten und 1996 neuaufgelegten Buch, daß hochbegabte Kinder, wenn sie richtig behandelt werden, nicht mehr schulische Probleme haben als normal begabte. Für Eltern und Lehrer.

dies.: Überspringen von Klassen, Münster 1996
Dieses auf einer Langzeituntersuchung basierende Buch ist ein Plädoyer für das Springen – und zwar im richtigen Moment mit der richtigen Unterstützung. Für Lehrer.

Christine Spahn: Wenn die Schule versagt. Vom Leidensweg hochbegabter Kinder, Asendorf 1997
Die Autorin ist Lehrerin, hat über das Thema Hochbegabung promoviert und den Nürnberger Elternselbsthilfeverein «Interessengemeinschaft Hochbegabte Kinder» mitbegründet. Sie geht von der These aus, daß nicht die hochbegabten Kinder versagen, sondern das Schulsystem ihnen angepaßt werden müßte. Für Eltern und Lehrer.

Zum Denken Hochbegabter

Howard Gardner: So genial wie Einstein. Schlüssel zum kreativen Denken, New York 1993, Stuttgart 1996
Der weltweit bekannte Harvard-Professor für Psychologie erforscht in diesem Buch anhand der Biographie sieben außergewöhnlicher Persönlichkeiten das Phänomen der Kreativität, die durch bestimmte Konstellationen zwischen einem Individuum, seiner Umwelt (Feld) und seiner Disziplin (Domäne) entsteht. Für Pädagogen und Psychologen.

ders.: Abschied vom IQ. Die Rahmen-Theorie der vielfachen Intelligenzen, Stuttgart 1985
Gardner tritt hier als vehementer Kritiker der herkömmlichen IQ-Bestimmung auf, er zeigt, daß jeder Mensch mindestens sieben – durch die Standardtests nicht erfaßte – Formen von Intelligenz entwickeln kann, die erst im Zusammenwirken kompetentes Handeln bewirken. Für Psychologen und Pädagogen.

Daniel Goleman: Emotionale Intelligenz EQ, München 1996
Der Psychologie-Redakteur der New York Times zeigt in seinem vieldiskutierten Weltbestseller, welche emotionalen Faktoren unser Handeln und unseren Erfolg beeinflussen und was Eltern dazu beitragen können, damit sich die emotionale Intelligenz ihrer Kinder entwickelt. Für alle.

Erika Landau: Mut zur Begabung, München/Basel 1990
Erika Landau ist Gründerin und Leiterin des «Instituts zur Förderung der Wissenschaften und Künste für Kinder und Jugendliche» in Tel Aviv, sie arbeitet gleichzeitig als Psychotherapeutin in eigener Praxis. Sie setzt sich in ihrem Buch auf sehr einfühlsame Weise mit der Hochbegabung in Zusammenhang mit Kreativität, Aggression und Führungsqualitäten auseinander. Für Lehrer, Psychologen und wissenschaftlich interessierte Eltern – eine betroffene Mutter schreibt dazu: «Für mich als Mutter war es vor einigen Jahren das beste Mutmacherbuch; zu den Begabungen der Kinder (und den eigenen) zu stehen war nicht ganz leicht.»

Ellen Winner: Hochbegabt. Mythen und Realitäten von außergewöhnlichen Kindern, Stuttgart 1998
Die Professorin für Psychologie beschäftigt sich in diesem Buch mit den zahlreichen Mythen um hochbegabte Kinder, um ihre verschiedenen Begabungen, ihr Gefühlsleben, ihre Stellung in der Familie und ihre Zukunft als Erwachsene. Für Pädagogen und Psychologen.

Zitierte Literatur

Arbeitskreis Überaktives Kind (AÜK): Informationsbroschüre
Daniela Bender: Als «Nicht-Schule» die bessere Schule?, in: Labyrinth, 18. Jg.,
  Nov. 1995, Nr. 47, S. 32–33
Felix von Cube/Dieter Alshuth: Fordern statt verwöhnen, München 1986
*Sebastian Döweling: Schüler studieren Mathematik an der FU Hagen – Erfah-
  rungsbericht*, in: Labyrinth, 21. Jg., April 1998, Nr. 56, S. 14
*Howard Gardner: Abschied vom IQ. Die Rahmen-Theorien der vielfachen Intelli-
  genzen*, Stuttgart 1985
Daniel Goleman: Emotionale Intelligenz EQ, München 1996
Christa Hartmann: Testverfahren und Begabungsdiagnostik, in DGhK: Leben mit
  hochbegabten Kindern, Berlin 1995, S. 13
*Kurt A. Heller/H. Rindermann: Der baden-württembergische Schulmodellversuch
  «Gymnasium mit achtjährigem Bildungsgang» – Ergebnisse der ersten vier
  Untersuchungswellen (1992–1995)*, in: Labyrinth 19. Jg., Nr. 49, Juni 1996,
  S. 3–13
*Ursula Hellert/Sabine Platzer: Die speziellen Förderklassen für Hochbegabte an
  der Jugenddorf-Christophorus-Schule Braunschweig*, in: Beispiele, Sonderheft
  Hochbegabung, 14. Jg., 1996 Nr. 1, S. 50–54
Annette Heinbokel: Überspringen von Klassen, Münster 1996
*James Hillmann: «Ein Mythos muß vor allem nützlich sein!» Der Psychologe
  James Hillmann über die Psychologie des Dämons*, in: Psychologie heute, 25. Jg.,
  Mai 98, Nr. 5, S. 26–27
Walter Isaacson: Vom Computerfreak zum Milliardär, in: Stern, Nr. 12, März 1997,
  S. 109–114
Erika Landau: Führungsqualitäten («Leadership») und Verantwortung, in: dies.:
  Mut zur Begabung, München/Basel 1990, S. 102
Erika Landau: Mut zur Begabung, München/Basel 1990
Lieblingsspiel: Das verrückte Labyrinth, in: Labyrinth, 13. Jg., Mai 1990, Nr. 31, S. 4

Renate Lutz: Über Kinder (Folge 21). Marco, 5 Jahre: Gastschüler in der ersten Klasse, in: Labyrinth, 18. Jg., Mai 1995, Nr. 46, S. 10–11

Bettina Mähler / Stephan Schröder: Kleines Schullexikon für Lehrer in den neuen Bundesländern, Frankfurt a. M. 1991

Franz J. Mönks / Irene H. Ypenburg: Unser Kind ist hochbegabt. Ein Leitfaden für Eltern und Lehrer, München / Basel 1993

Eva Pelken: Über Kinder (Folge 13). Lutz aus Ibbenbüren, Informatikstudium im Alter von 13 Jahren, in: Labyrinth, 15. Jg., Okt. 1992, Nr. 38, S. 3–5 (aus: Annette Heinbokel: Die Drachenkinder werden älter, Osnabrück 1992, vergriffen)

Pliquett, Judy: «Gift»-Sommerschule. Auch in England schien die Sonne, in: Labyrinth, 18. Jg., Nov. 1995, Nr. 47, S. 33–35

Jan-Uwe Rogge: Kinder brauchen Grenzen, rororo 19366

Detlef H. Rost / Petra Hanses: Spielzeugbesitz und Spielzeugnutzung bei hochbegabten Kindern, in: Detlef H. Rost: Lebensumweltanalyse hochbegabter Kinder, Göttingen 1993, S. 214–235

Annette Tettenborn-Nebling: Familien mit hochbegabten Kindern, in: Detlef H. Rost (Hg.): Lebensumweltanalyse hochbegabter Kinder. Das Marburger Hochbegabten-Projekt, Göttingen / Bern / Toronto / Seattle 1993, S. 34–74

Werner Thomas: Mein Kind ist hochbegabt. Außergewöhnliche Begabung erkennen und fördern, Düsseldorf 1997

Barbara Schliechte-Hirsemenzel: Unterstützungsmaßnahmen auf dem Weg zu einem positiven Selbstkonzept, in: DGhK: Leben mit hochbegabten Kindern, Berlin 1995, S. 44–45

Aiga Stapf / Kurt H. Stapf: Hochbegabte Mädchen: Persönlichkeitsentwicklung und spezielle Probleme (Vortrag), in: Labyrinth, 19. Jg., Jan. 1996, Nr. 48, S. 3–7

James T. Webb / Elizabeth A. Mecktrosth / Stephanie S. Tolan: Hochbegabte Kinder, ihre Eltern, ihre Lehrer. Ein Ratgeber, Stuttgart, Toronto 1985